그래도 삶은 아름답다.

건강하게

KB124283

**MOSTRA INTERNAZIONALE
D'ARTE CINEMATOGRAFICA
LA BIENNALE DI VENEZIA**

제59회 베니스 국제영화제 경쟁부문 진출작
감독상, 신인여우상 수상

주요 수상 및 선정 내역

제59회 베니스 국제영화제 감독상, 신인여우상,

국제비평가협회상, 가톨릭언론협회상, 청년비평가상

제38회 백상예술대상 영화부문 작품상, 감독상

제29회 시애틀 국제영화제 남우주연상, 여우주연상

제21회 밴쿠버 영화제 치프 댄 조지 인도주의상

제22회 한국영화평론가협회상 최우수작품상, 남우주연상, 여우주연상

제10회 춘사영화제 작품상, 감독상, 남우주연상, 여우주연상, 각본상

제1회 대한민국영화대상 작품상, 감독상, 남우주연상,

여우주연상, 신인여배우상, 각본상

제23회 청룡영화상 신인여배우상

제3회 부산영화평론가협회상 각본상, 남우주연상

제5회 디렉터스컷어워드 각본상, 남우주연상, 여우주연상

제13회 브리즈번 국제영화제 넷팩(NETPAC)상

제3회 베르겐 국제영화제 심사위원상 특별언급

제8회 가르덴 독립영화제 관객상

누구도 사랑이라고 인정하지 않는 사랑.

— 작가 노트 중에서

아직도 '오아시스'를 생각하면 몸도 마음도 힘이 듭니다. '공주'라는 인물은 제가 각본으로 만난 (아니 세상에서 만난) 어떤 인물보다 저와 공통점이 많은 사람입니다. 처음엔 장애를 가졌다는 이유만으로도 몹시 멀게 느껴졌습니다. 나와 무척 닮은, 하지만 한없이 이해하기 어려운 사람. 그 사람이 바로 '공주'입니다. '공주'를 몸과 마음으로 받아들이려고 갖은 애를 썼습니다. 그 과정에서 상처도 있었고, 눈물도 흘렸고, 설렘도 느꼈습니다. 다시없을 어려운 작업이었지만 '오아시스'는 저에게 아직까지도 가장 중요한 작품입니다.

사랑에 대해, 아름다움과 추함에 대해 이만큼 강력한 질문을 던져준 작품은 없었습니다. 여전히 저에게 그 질문은 유효하고 뜨겁습니다. 그래서 기다립니다. '오아시스'와 같이 뜨겁고 깊은 작품을 다시 만날 수 있기를. 더 힘들어도 더 아파도 괜찮습니다. 그 뜨거운 시간들을 다시 한번 느낄 수 있기를. 오늘도 간절히 기다립니다. '오아시스' 각본집이 출간된다면 그 책은 제가 세상에서 가장 사랑하는 책이 될 것입니다. 여러분들께도 많은 사랑을 받았으면 좋겠습니다.

— 배우 문소리

'오아시스'가 각본집으로 출간된다니 참으로 반갑고 감사한 일입니다. '오아시스'는 인물 한 사람 한 사람의 감정, 그리고 인물들 간의 관계가 겹겹이 쌓여 있고 촘촘해서 깊고 진한 여운이 오래오래 남는 한 편의 장편소설 같다고 생각합니다.

　부조리한 현실과 냉혹한 시선들 속에서도 때 묻지 않은 순수함을 간직한 사랑스러운 공주, 충동적이고 직설적이며 모든 게 어설프고 불안한 종두……. 너무나 외로운 두 사람이 만나 서로에게 오아시스 같은 존재가 되어주기 위해 노력하고, 세상에 없던 애틋한 사랑을 만들어나가는 이 이야기는 그 자체로 충분히 아름답다고 믿습니다. 활자로 다시 만나게 된 이 작품을 통해서 많은 관객, 독자 여러분들이 스크린에서의 감동과 그 너머의 여운을 다시 한번 생생하게 느껴보셨으면 좋겠습니다.

　'오아시스'를 아직 못 보셨다면 영화도 꼭 보시길 추천해드립니다. 물론 영화를 이미 보신 분들도 이 각본집을 읽고 나서 한 번 더 보신다면, 그전에 보지 못했던 또 다른 새로운 의미를 발견할 수 있을 것입니다.

―배우 설경구

'오아시스'는 힘과 아름다움, 우아함과 지혜가 담긴 영화다. 연기와 촬영, 연출 모두가 뛰어나며, 두 명의 버림받은 인물에 대한 강렬한 묘사는 말문이 막힐 정도다. 설경구의 훌륭한 연기는 물론이고, 특히 문소리는 '나의 왼발'의 다니엘 데이 루이스와 비교하지 않을 수 없을 정도로 완벽하게 몰입한 연기를 펼친다. '오아시스'가 오늘날 영화에서 장애를 가진 성인을 가장 잘 묘사한 작품 중 하나라는 데에는 의심의 여지가 없다. 어떤 사람들은 공주에게 강간을 시도했던 종두가 보통 사람들이 사랑이라고 인식하는 것 이상으로 그녀를 사랑하게 되는 장면에서 움찔할 것이다. 종두가 공주를 폭행하기 시작하다가 자신의 행동을 끔찍하게 인식한 뒤 스스로 뺨을 때리는 장면은 이 영화에서 가장 고통스러운 장면 중 하나였다. 그렇게 가해자와 피해자의 고통은 전면에 드러나고 본질적으로 하나가 된다. '오아시스'는 두 사람의 사랑을 묘사하면서 장애인을 사랑하는 것은 불가능하다는 사회의 금기를 강력하게 다룬다. 여러 모로 '오아시스'는 슬픈 영화다. 그 안에 너무 많은 진실이 담겨 있기 때문이다. 누군가는 그런 불편한 진실이 한국에만 존재한다고 생각하고 싶겠지만, 거의 모든 곳에서 그렇다.
— 《인디펜던트 크리틱 *The Independent Critic*》

한국 영화가 전통적으로 보여왔던 장애인에 대한 감상적이고 시혜적인 태도를 벗겨낸 놀라운 작품. — 《뉴욕 타임스 *The New York Times*》

길들여지지 않는 두 사람이 서로를 안정시키기 위해 애쓰는 장면들은 거칠면서도 묘하게 부드럽다. ―《보스턴 글로브Boston Globe》

문소리가 보여준 것만큼 감정적으로 생생한 연기를 만나려면 또다시 오래도록 열심히 찾아야 할 것이다. ―《뉴욕 포스트New York Post》

관용에 대한 이창동 감독의 인도주의적 호소가 담긴, 지난 10년을 통틀어 가장 독창적인 영화. 거기에 문소리가 영혼을 불어넣었다.
―《샌프란시스코 크로니클San Francisco Chronicle》

이창동 감독은 가족과 사회로부터 소외된 두 젊은이의 사랑 이야기로 제도의 무관심과 잔인함, 위선을 신랄하게 고발한다.
―《로스앤젤레스 타임스Los Angeles Times》

명심할 것. '오아시스'는 스크린에서 가장 깊이 느껴지는 사랑 이야기이며, 이 영화를 감상하려면 당신은 약간의 고통을 감내해야 한다.
―《옵서버Observer》

연인들의 은밀한 언어를 이토록 명료하게 번역한 영화는 최근에 본 적이 없다. ―《빌리지 보이스Village Voice》

오아시스 oasis

이창동 각본집

아를

일러두기

- 이 책에 수록된 시나리오는 영화 '오아시스'(2002)에 담기지 않은 장면들이 모두 포함된 무삭제 오리지널 버전이다.
- 국립국어원의 한글 맞춤법에 따르는 것을 원칙으로 했으나, 일부 지문과 대사는 작가의 표기를 그대로 살렸다.
- 영화·노래 제목은 작은따옴표(' '), 책·잡지 제목은 겹화살괄호(《 》), 단편소설은 홑화살괄호(〈 〉)를 사용했다.
- 이 책에 나오는 주요 시나리오 용어는 다음과 같다.
  - 디졸브(Dissolve): 페이드아웃되는 앞의 씬과 페이드인되는 뒤의 씬이 겹쳐지는 것. 오버랩과 비슷한 의미로 사용된다.
  - 미디엄 숏(M.S.: Medium Shot): 인물이 머리에서 허리까지 보이도록 촬영하는 것.
  - 바스트 숏(B.S.: Bust Shot): 인물의 가슴 위쪽으로 보이도록 촬영하는 것.
  - 오프스크린 사운드(O.S.: Off-screen Sound): 인물은 보이지 않고 목소리만 들림.
  - 웨이스트 숏(W.S.: Waist Shot): 인물의 허리 위까지 보이도록 촬영하는 것.
  - 틸트다운(Tilt-down): 카메라의 위치를 고정한 채 아래를 보도록 움직이는 것.
  - 틸트업(Tilt-up): 카메라의 위치를 고정한 채 위를 보도록 움직이는 것.
  - 팬(Pan): 카메라 위치를 고정한 채 왼쪽 또는 오른쪽을 보도록 옆으로 움직이는 것.
  - 페이드아웃(F.O.: Fade Out): 화면이 차츰 어두워짐.
  - 페이드인(F.I.: Fade In): 화면이 차츰 밝아짐.
  - 풀 숏(F.S.: Full Shot): 인물의 머리부터 발끝까지 몸 전체를 보이도록 촬영하는 것.
  - 프레임인(Frame in): 화면 속으로 인물 등의 피사체가 들어옴.

차례

영화라는 판타지에 대한 질문

'오아시스'를 만들 생각을 하게 된 것은 2000년 5월 '박하사탕'으로 초청받아서 찾아간 칸 영화제에서였다.

처음 경험한 칸 영화제의 그 낯선 분위기, 하늘로 올라가는 듯한 레드카펫의 계단, 눈을 멀게 하는 엄청난 카메라 플래시들, 뜨거운 태양과 눈부신 푸른 바다……. 그 모든 것이 내게는 비현실의 세계에 와 있는 것 같은 기분이 들게 했다. 나는 방금 팔레 데 페스티발Palais des Festivals 극장에서 당시 세계적으로 가장 뜨거운 관심을 받던 감독의 영화를 보고 나온 참이었고, 극장 앞 광장을 가득 메운 군중들 사이에 서서 차마 발걸음을 옮기지 못하고 있었다.

그때 나를 사로잡았던 것은 '영화란 무엇인가?' 하는 생각이었다. 왜냐면 나를 둘러싼 모든 것이, 방금 보고 나온 영화까지도 현실과(적어도 나의 현실과) 너무 멀리 있는 것 같았기 때문이었다. 영화는 현실이 아니라 판타지였다. 내가 보기에

칸 영화제에 온 모든 영화가 각자의 방식으로 판타지를 팔고
자 경쟁하고 있는 것만 같았다.

어쩌면 나는 방금 보고 나온 영화의 그 화려하고도 강렬한
시청각적인 자극과 극장 밖 지중해 햇빛 속의 눈부신 축제 풍
경에 심술궂은 질투심과 소외감을 느꼈는지도 모른다. 어쨌
든 그 순간 나는 판타지에 대한 영화를 만들어야겠다고 스스
로 다짐했던 것이다. 그것도 관객에게 판타지를 제공하는 영
화가 아니라 판타지에 대해 질문하는 영화를, 현실을 잊게 하
는 영화가 아니라 끊임없이 현실을 일깨우는 영화를.

그리고 나는 그 영화는 러브 스토리가 되어야 할 것이라고
생각했다. 왜냐면 우리가 삶에서 경험할 수 있는 판타지는 사
랑이니까. 그렇지만 그 영화는 관객들이 극장에 찾아오면서
기대하는 판타지가 아니라, 너무나 초라하고 너무나 못나고
현실처럼 너무나 생생해서 도저히 받아들이기가 힘든 판타
지, 그런 사랑 이야기, 또는 그런 영화가 되어야 할 것이라고
생각했다.

관객의 판타지를 충족시키기 어려운 러브 스토리의 여주인
공으로 뇌성마비 장애인을 떠올린 것은 어쩌면 내게 자연스
러운 일이었는지도 모른다. 나에게는 실제 뇌성마비 장애를

가진 누나가 있으니까. 이 책에 수록된 인터뷰에서도 언급되지만, 한공주라는 캐릭터의 바탕이 된 것은 나의 누나라고 할 수 있다. 이 기회에 평생을 쓰라린 고통 속에서 살면서도 늘 밝고 낙천적이고 정이 많은 그녀의 이름, 이정령을 말해두고 싶다.

사실 '오아시스'의 시나리오는 문소리, 설경구 두 배우와 함께 쓰였다고 할 수 있다. 문소리 씨는 한공주가 되기 위해서 몇 달 동안 뇌성마비 장애인들에게 봉사하며 친구로 지냈고, 그 경험이 시나리오의 생생한 디테일이 되었다. 홍종두란 인물을 구체적으로 그릴 수 있게 한 것은 설경구 씨였다. 홍종두는 배우 설경구의 내면에서는 찾기 힘든 캐릭터였지만, 역설적이게도 바로 그 점이 홍종두라는 인물을 그리는 데 필요한 상상력과 영감을 자극하게 해주었다.

소설에서와 달리 인물의 육체성을 스크린 위에 구현해야 하는 영화에서는 한공주, 홍종두와 같은 인물을 주인공으로 설정하는 것부터가 현실적이지 못한 발상이라고 할 수 있을 것이다. 그런데도 나는 시나리오를 쓰면서 나의 어리석을 정도로 무모한 시도를 두 배우가 현실화시켜줄 것이라는 맹목적인 믿음을 가졌던 것 같다. 그러나 그 결과를 보면, 특히 스크린에서 살고 있는 한공주의 모습을 보면 문소리 씨가 그 한계를 넘어서는 연기를 실제로 해낼 수 있을 것이라고 어떻게 믿을 수 있었는지 의심스러울 정도다.

오아시스 각본집

이 영화를 함께 만든 스태프들의 노고에 대해서도 이야기
해야만 한다. 그들은 관객을 동화시키는 것이 아니라 관객을
불편하게 하는 영화를 만들겠다는 감독의 난해한 의도를 받
아들이고, 촬영하는 내내 영화와 현실, 판타지와 현실의 그
보이지 않는 경계를 찾기 위해 함께 인내하고 노력해주었다.

이 영화가 만들어지고 관객들에게 처음 공개된 지 20년이 넘
게 지났다. 그동안 많은 것이 바뀌었고, 그 가운데서도 극적
으로 변화한 것은 여성이 당하는 성적 억압과 폭력에 대한 인
식이라고 할 수 있다. '오아시스'는 태생적으로 그에 대한 문
제의식에서 자유로울 수 없는 영화였지만, 오늘의 시점에서
다시 한번 그것을 다루는 영화의 방식과 태도에 대해 이야기
해보는 것이 의미 있을 것이라고 생각한다. 그런 점에서 개봉
당시에 인터뷰를 하고도 이 각본집을 위해 새로 인터뷰를 진
행해준 조선희 씨께 감사드린다. 덕분에 그 민감한 주제에 대
해, 또 영화의 까다로운 의도에 대해 솔직하고도 허심탄회한
대화를 이 책에 실을 수 있었다.

그리고 무엇보다 진심으로 고마운 분들은 '오아시스'를 감
상해준 모든 관객들이다. 그들은 (아마도 처음부터 원한 건 아니
었겠지만) 영화를 보는 동안 영화와 판타지, 판타지와 현실의

경계선 위에서 불편해하고 때로 고통스러운 충돌을 경험하면서도 영화를 만든 의도와 소통하고자 했던 사람들이라고 생각한다. 그들에게 이 책이 소통과 이해를 위한 작은 도움이 되기를 바란다. 마지막으로 변함없는 정성과 노력을 다해 네 번째 각본집을 출간해준 아를 출판사에 감사한다.

2024년 4월

이창동

오아시스 *Oasis*

오리지널 시나리오

등장인물

홍종두 (29세)

한공주 (28세)

홍종일 (35세, 종두의 형)

종일 처 (34세)

홍종세 (26세, 종두의 동생)

엄마 (65세, 종두의 어머니)

한상식 (33세, 공주의 오빠)

상식 처 (31세)

옆집 여자

옆집 남자

형사 1, 2, 3, 4

목사

중국집 사장

동직원 1, 2

부동산 업자 1, 2, 3

핸드폰 여인

그 밖에……

1. 타이틀 백, 방 안 (내부/밤)

F.I. 되면, 얼핏 정확히 알아볼 수 없는 그림 같은 것이 화면을 가득 채우고 있고, 검은 나무 그림자가 그 그림을 덮고 있다. 스산한 바람 소리와 함께 나무 그림자는 추상적인 형태로 음산하게 흔들리고 있다. 마치 불길한 몸짓으로 춤추는 무수한 창끝처럼.

카메라가 고정되어 있는 동안, 아마도 날이 밝아오는지 나무 그림자가 눈에 띄지 않게 차츰 엷어지면서 그림의 모습이 조금씩 드러난다. 이윽고 우리는 그것이 싸구려 벽걸이 카펫에 수놓아진 '오아시스' 그림임을 알아볼 수 있다.

두어 그루의 야자수가 있고, 그 아래 우물이 있고, 아기 코끼리 한 마리와 인도풍의 의상을 입은 젊은 여인, 그리고 벗은 몸을 새까맣게 드러낸 어린아이도 볼 수 있다.

싸구려 카펫에 어울릴 만한, 기계 자수로 된 국적 불명의 조악하고 유치한 그림이지만, 한편으로는 순진하고 소박한 정감 같은 것이 느껴지기도 한다. 그림 아래에 영문으로 'OASIS'라는 글씨도 보인다. F.O.

2. 거리 (외부/낮)

F.I. 되면, 몹시 추운 겨울날, 서울 시내 어느 거리의 버스 정류장. 종두가 버스에서 내린다. 그의 인상은 첫눈에도 조금 기묘해 보인다. 한겨울 날씨에 어울리지 않게 반소매 여름 남방 차림에다 빡빡 깎은 머리를 하고 있다.

그가 입고 있는 싸구려 여름 남방의 초록색 야자수 무늬는 차갑고 삭막한 겨울 풍경과는 도무지 어울리지 않는다. 추위 때문에 팔뚝에 하얗게 소름이 돋아 있지만, 그는 짐짓 아무렇지도 않은 표정을 꾸미고 있다. 그의 손에는 작은 비닐 백 같은 것이 들려 있다. 갈아탈 버스를 찾는지 표지판을 두리번거리다가 사람들에게 묻기도 한다.

종두   쌍문동 가는 버스 여기서 타요?

눈에 띄는 것은 그의 이마 한쪽에 있는, 잉크 얼룩 같은 거무튀튀한 반점이다. 머리를 빡빡 깎고 있기 때문에 그 반점은 더욱 두드러져 보이고, 그의 인상을 더 기묘하게 만든다. 그는 시종 미소 짓고 있다. 의외로 어린아이 같은 순진함을 담고 있는 미소이다. 그러나 번들거리는 눈빛만은 섬뜩하다. 그 눈빛은 마치 언제 폭발할지 모르는 불안한 광기를 품고 있는 듯하다.

오아시스 각본집

정류장 옆에는 의류 행상이 여자 옷들을 늘어놓고 팔고 있다. 버스를 기다리며 그는 그 옷들을 구경한다. 자세히 보면, 그는 항상 입으로 뭔가 흥얼거리며 몸을 건들거리고 있다. 마치 그의 내부에서 그만이 들을 수 있는 비트가 끊임없이 계속되는 듯이. 이윽고 그는 여성용 카디건 하나를 골라 산다.

3. 아파트 복도 (내부/낮)

어느 고층 아파트의 긴 복도를 걸어가는 종두. 손에는 비닐백 외에 귤이 든 검은 비닐봉지까지 들고 있다.
여전히 계속 흥얼거리면서 박자를 맞추며 긴 복도를 걷다가 어느 집 문 앞에서 걸음을 멈춘다. 종두, 벨을 누르고 몸을 숨기듯이 문 옆의 벽에 붙어 선다. 사이. 안에서 여자의 소리가 들린다.

소리	누구세요?
종두	(목소리를 꾸며서) 세탁이요!
소리	누구세요?
종두	(여전히 우스꽝스런 가성으로) 세에탁!

이윽고 문이 열리고 젊은 여자가 고개를 내민다. 종두, 갑자

기 문 앞으로 튀어나오며 장난스런 몸짓으로,

종두   짜잔!
여자   어마!

여자, 놀라 비명을 지르며 재빨리 문을 쾅 닫는다. 종두, 약간
황당한 표정으로 문에 붙은 호수를 확인하고 다시 벨을 누른
다.

여자   (소리) 뭐예요?
종두   여기 홍종일 씨 집 아니에요?
여자   (소리) 그런 사람 없어요.
종두   예?
여자   (소리) 그런 사람 없다구요.
종두   이사 갔어요?
여자   …….
종두   저기, 여기 언제 이사 왔어요?

더 이상 대답이 없다. 종두는 어찌할 바를 모르는 표정이다.

극부감으로 보이는 아파트 건물 아래. 차들이 주차돼 있고,
사람들이 서서 이야기하고 있기도 한다. 노란색 귤 하나가 아

래로 낙하한다. 어느 차 지붕 위에 떨어져 으깨어지는 귤. 카메라 틸트업 및 팬 하면, 복도 난간에 팔을 괴고 기대어 서서 아래를 내려다보고 있는 종두. 그의 입에서 침이 떨어질 듯 말 듯 매달려 있고, 한 손에는 귤이 들려 있다. 이윽고 침과 귤이 동시에 아래로 떨어진다. 마치 어느 것이 먼저 떨어지나 낙하 실험하는 어린애처럼 얼굴에 장난기 어린 엷은 미소가 어려 있다. 그의 뒤쪽, 아까의 집에서 문이 빼꼼히 열리고 여자가 조심스럽게 내다보다가 종두의 모습을 보고 얼른 문을 닫는 것이 보인다.

4. 지하상가 안 (내부/낮)

아파트 단지 내의 지하상가. 고만고만한 가게들이 들어서 있고, 식당들도 연이어 붙어 있다. 종두가 입구에 있는 슈퍼로 들어선다.

종두   아줌마 두부 있지요?
아줌마   두부요?
종두   예, 생두부 한 모 줘요.
아줌마   두부 없는데요.

슈퍼를 나가는 종두.

5. 지하상가 식당 (내부/낮)

상가 내에 있는 조그만 식당. 종두가 들어선다.

종두   아줌마 두부 있어요?

아줌마2   두부요? 순두부요?

종두   아니, 생두부. 생두부 있으면 한 모만 파세요.

아줌마2   (종두를 이상하다는 듯 보다가 주방 아줌마에게) 두
         부 남았어?

아줌마3   (종두에게) 없어요, 아저씨. 다 떨어졌어요.

6. 미니슈퍼 (내부/낮)

어느 미니슈퍼 안에서 생두부를 먹고 있는 종두.

종두   (두부를 한입 가득 베어 물며) 얼마요, 아줌마?

주인   그냥 잡수쇼.

주인 남자는 종두가 자기 얼굴을 멀쩡히 쳐다보면서도 '아줌마'리고 부르는 것이 어이없다는 표정이다.

종두   예?
주인   돈 안 받고 드리는 거니까 그냥 드시라고.

주인은 냉장고에서 우유까지 꺼내준다.

주인   자, 이거 마셔가며 먹어요. 체할라.
종두   (우유를 들어보며) 해태우유는 없어요?
주인   우유 다 똑같애. 해태우유라고 뭐 다르나?
종두   우유는 해태우윤데…….

종두, 우유를 마시며 두부를 삼킨다.

7. 공중전화 부스 (외부/낮)

거리 모퉁이의 공중전화 부스. 여중생 둘이 부스 안에 들어가 친구에게 전화를 걸고 있다. 한 아이가 말한다.

여중생   여기 학원 앞인데 너 생각나서 전화했어. 옆에 은영이도 있어.

은영이란 아이가 수화기에 입을 대고 "안녕." 하고 말한다.
그러나 그 얼굴은 아무런 감정도 없이 매우 무표정하다. 카메
라가 은영이의 시선을 따라 약간 팬 하면 옆 부스에서 종두가
미소를 띤 채 그들을 내려다보고 있다. 종두의 미소가 왠지
기분 나쁘다는 듯이 은영이 얼른 고개를 돌린다.

종두   얘!
은영   (말없이 쳐다본다.)
종두   나 전화 걸려고 하는데 동전이 없걸랑. 동전 좀
         빌려줄래?

아이들, 종두를 경계심 어린 눈으로 쳐다보곤 전화를 끊고 가
버린다. 종두, 여전히 미소를 띤 채 그들을 보고 있다. 아이들
이 떠난 부스에 동남아 노동자처럼 보이는 외국인이 들어온
다. 종두, 여전히 얼굴에 미소를 지우지 않은 채 그 외국인이
전화 거는 모습을 보고 있다. 이윽고 카메라는 무심하게 팬
해서 차들이 분주히 오가고 사람들이 몰려서 횡단보도를 건
너가는 거리 풍경을 보여준다.

8. 음식점 (내부/낮)

그리 고급스럽지 않은 한식당. 종두가 카운터 옆에서 전화를 하고 있다.

종두   여보세요? 거기 홍종일 씨 안 계세요? 홍, 종, 일이요. 전에 거기 있었어요. 예? 언제요? 여보세요……?

전화가 끊어진 모양이다. 그는 자기 자리로 간다. 테이블 위에는 맥주와 안주로 시킨 음식도 있다.

종두   아가씨! 맥주 한 병 더 줘요!

9. 음식점 (내부/밤)

시간 경과 후의 같은 식당. 창밖이 캄캄하게 어두워져 있고, 종업원이 식당을 치우고 있는 걸로 봐서 밤이 꽤 늦은 시간인 것 같다. 종두가 혼자 의자에 앉아 있고, 주인 남자를 비롯한 식당 사람들이 감시하듯 그를 보고 있다.

종두	(비굴한 미소를 띠고) 전화만 되면 된다니까요, 조금만 기다려보세요. 예?
주인	(종두의 테이블을 치우려는 종업원에게) 그건 치우지 마! 그대로 놔둬.
종두	저 도망 안 가요. 정말이에요. (갑자기 신발을 벗어 주인에게 내민다.) 이거 맡겨둘게요. 신발 없이 도망가겠어요?

주인, 한심하단 표정으로 종두를 보고 있다.

종두	(양손에 신발 두 짝을 들고 내밀며) 조금만 기다려보세요. 내 동생하고 전화 연락만 되면 금방 올 거걸랑요.
주인	(대꾸하기 싫지만) 전화가 언제 돼? 당신 지금까지 전화만 열 통화 넘게 썼어. 하여튼, 경찰에 가서 이야기해.
종두	(점점 다급해진다.) 아저씨, 저 정말 경찰에는 가기 싫걸랑요. 그럴 사정이 있어요. 신발 맡겨둘게요. 저 도망 안 가요.

주인 앞으로 신발을 던진다. 주인 남자의 부인인 듯한 여자가 한마디 한다.

오아시스 각본집

여자	그렇게 겁나는데 무슨 배짱으로 돈 없이 음식을 있는 대로 시켜 먹어?
종두	전화가 될 줄 알았다니까요.

파출소 순경 두 명이 들어선다. 종두, 하는 수 없다는 듯이 자리에서 일어난다.

종두	(맨발로 순경들에게 다가가며) 밤늦게 수고하심다!

순경에게 인사하는 척하다가, 갑자기 순경을 밀치고 식당 밖으로 뛰어나간다. 순경이 따라 나간다. 식당 문으로 도망가는 종두의 모습을 볼 수 있다. 그러나 몇 걸음 가지 못하고 잡힌다.

10. 경찰서 (내부/밤)

어느 경찰서의 형사계 사무실. 밤늦은 시간이지만 조사받는 잡범들로 어수선하고 시끄럽다. 그 사이에 종두도 형사 앞에 앉아 조사를 받고 있다. 식당 주인도 있다. 경찰서에 와 있지만 종두의 태도는 긴장되어 있다기보다 좀 산만하다.

형사1	(모니터의 자료를 보며) 홍종두. 전과가 3범, 맞지?

종두	예.
형사1	폭행 한 번 있고, 강간미수 한 번 있고……. 이번에는 과실치사, 사람도 죽였네?
종두	그게요, 새벽에 운전하다가요, 환경미화원 있잖아요? 청소부요. 어두워서 안 보이더라구요.
형사1	몇 년 받았어?
종두	2년 6개월 살았걸랑요.
형사1	2년 6개월이면, 뺑소니였어?
종두	예.

형사, 한심하다는 듯 종두를 본다. 식당 주인도 흥미 있게 쳐다본다. 옆에 있던 형사2가 한마디 거든다.

형사2	누가 면회 오는 사람도 없었어? 옷이 그게 뭐야?
형사1	오늘 교도소에서 나왔으면 얌전히 집에 들어가서 오랜만에 식구들도 만나고 해야지, 왜 밖에서 돌아다니며 돈도 없이 음식은 시켜먹고 그래?
종두	그게요, 우리 집이 이사를 갔더라구요. 전화번호도 다 바뀌고……. 전화만 돼서 사람 만났으면 음식 값 내죠, 당연히. 거기가 우리 형이 다니던 회사 앞이었걸랑요.
주인	전화기 주고 걸어보라고 해도 번호도 모른다며?

오아시스 각본집

형사1	돈이 없으면 음식점에 들어가질 말아야지. 무전 취식이 죄가 되는 줄은 알 거 아냐?
종두	알죠, 당연히. (얼굴이 갑자기 밝아진다.) 야! 홍종세! (손을 흔든다.) 일루 와. 일루 와! 괜찮아. (상대가 다가온다. 동생 종세다.) 인사해. (형사1에게) 내 동생예요. (다시 종세에게) 인사해.
종세	(형사들에게 인사한다.) 수고하십니다.
형사1	동생이요?
종세	예.
종두	(마치 자기 사무실인 것처럼) 앉아라. 어디 의자 하나 가져와서 앉아. (그러나 종세는 그냥 서 있다.) 야, 너 머리 염색했네? 넌 염색이 안 어울려.

11. 경찰서 밖 (외부/밤)

경찰서 현관을 종두와 종세, 그리고 식당 주인이 걸어 나온다. 종두는 식당 주인과 마치 친한 사람인 것처럼 이야기를 하고 있다. 무슨 썰렁한 농담을 하는 듯하고 주인은 마지못해 받아주고 있다.

종세, 가까이 세워둔 미니밴에 올라탄다. 미니밴 옆구리에는 '각종 판촉, 공연 기획 이벤트 전문 업체 드림박스'라는 선전

문구와 로고가 보인다.

종두   (식당 주인에게) 안녕히 가세요!
주인   예.

종두, 차에 올라탄다. 그리고 차창 밖으로 손을 흔든다. 식당 주인도 마지못해 손을 흔든다. 차가 출발한다. 종두는 차창 밖으로 계속 손을 내밀고 흔들고 있다. 차가 경찰서 정문을 빠져나간 뒤에도. 차창 밖으로 흔들고 있는 그의 손이 보인다.

12. 차 안 (내부/밤)

운전석과 조수석에 나란히 앉은 종두와 종세. 종두, 앞을 바라본 채 손만 창밖으로 내민 채 흔들고 있다. 카세트에서 영어 회화 테이프 강좌가 흘러나온다.

종세   그만 손 좀 내려, 인제! 창문 닫게. 추워!

종두, 그제야 손을 내린다. 창문을 올리는 종세. 사이. 종두, 동생의 얼굴을 살핀다. 아무래도 화가 난 것 같은 눈치다. 종두, 운전하고 있는 종세의 머리를 장난스럽게 툭 친다.

종세   (짜증 내며) 하지 마!

그런데도 종두는 실실 웃으며 장난하듯 다시 머리를 때린다.

종세   아이, 씨! 하지 마, 좀!
종두   화났어?
종세   (분명히 화났지만) 화 안 났어.
종두   (다시 머리를 툭 때린다. 이번에는 좀 더 세게.) 화났
            지? 그지?
종세   (억지로 참는다.) …….
종두   (계속 때리며) 화났어. 그지?

종세, 폭발할 것 같은 감정을 용케 참으며 묵묵히 운전을 하
고 있다. 그러다가 갑자기 급브레이크를 밟는다. 요란한 마찰
음과 함께 차가 급정거한다. 두 사람의 몸이 앞으로 부딪칠
듯 쏠리고, 뒤따라오던 차들도 놀라 급정거하는 소리가 들린
다. 요란하고 신경질적인 경적 소리들도 들린다. 그러나 종세
는 길 가운데 차를 세운 채 폭발할 것 같은 감정을 누른 채 말
없이 앞만 보고 있다. 종두가 약간 기가 질려 동생을 쳐다보
고 있다.

종세   (가라앉은 목소리로) 형, 부탁인데……. 앞으로

내 인생 방해하지 말아줘. 응? 부탁이야.

종두, 그런 동생을 말없이 보다가 갑자기 킬킬 웃기 시작한다.
동생의 그 말이 너무 진지해서 왠지 우습게 느껴진 것이다.
말해놓고 보니 자기도 우스운지 종세도 피식 따라 웃는다. 차
가 다시 출발한다. 영어회화 카세트 소리는 계속 들린다.

13. 종일의 집 (내부/밤)

반지하 셋방인 종일의 집. 엄마가 문을 열면 종두가 들어온
다. 종세도 뒤따라 들어온다.

종두   자기야, 나 왔어!

엄마를 안고 춤을 추듯 거실의 소파까지 들어온다.

엄마   옷이 이게 뭐꼬? 한겨울에 옷을 이렇게 입혀서
             내보내나?
종두   여름에 들어갔으니까 여름옷 입고 나왔지. (집
             을 둘러보며) 집이 왜 이리 한심해?
엄마   니 형 회사 그만두고 가게 차릴라고 아파트도

	팔고 고생이 많아. 형한테 아무 소리도 하지 마.
종두	(안방 쪽으로 가며) 형네 방 어디야? 여기야? (문
	을 두드리며 소리친다.) 형님! 형수님! 나 왔어요!

방문이 열리고 종일이 잠옷 바람으로 나온다. 뒤이어 종일의
처도 나온다. 그녀는 잠옷 위에 윗도리 하나를 급한 대로 걸
치고 나온다.

종일처	(잠에 취한 소리) 삼춘, 소식도 없이 언제 나오셨
	어요?
종두	정민이는 자나?
종일	야, 깨우지 마.
종두	깨워야지. 오랜만에 삼촌 왔는데 자고 있으면
	되나?
종일처	(갑자기 놀라 소리를 지른다.) 어마! 이게 뭐야?
	삼춘!

거실 바닥에는 현관에서부터 종두의 흙발자국이 지저분하게
나 있다. 종일의 처가 종두에게 달려들며 주먹으로 어깨를 때
리며 소리 지른다.

종일처	빨리! (한 대씩 때릴 때마다) 빨리! 빨리 양말 벗

어요! 바닥이 이게 뭐야? 어디 논 매다 왔어요? (종두를 화장실 쪽으로 떠민다. 종두는 군소리 없이 떠밀려 간다.) 빨리 양말 벗고 발 씻어요! (화장실로 들어가는 종두의 등 뒤에 대고) 저녁은? 저녁은 먹었어요?

종두(O.S.)   예! 먹었어요!

그동안 가족들은 거실에 멀뚱히 앉아 있다. 별로 할 말이 없는 모양이다. 종세는 남의 집에 온 것처럼 서 있다. 걸레로 바닥을 훔치는 종일의 처. 화장실 안에서 종두의 소변보는 소리가 들린다. 종일의 처, 화장실 안을 들여다보며 다시 버럭 소리 지른다.

종일처   삼춘! 소변볼 때 제발 변기 뚜껑 좀 올려요!

종일   (종세에게) 앉아, 왜 그렇게 서 있어?

종세   가야죠. 늦었는데.

엄마   넌 어떻게 만나 같이 왔냐?

종세   (말하기 싫다는 듯) 몰라.

엄마   (종일에게) 쟤 이제 어디서 재우냐?

종두   (화장실에서 다시 나오며) 엄마! 나 엄마한테 선물 사왔어. (쇼핑백에서 물건을 꺼낸다. 거리에서 산 카디건 종류의 옷이다.) 입어봐, 엄마.

엄마	나중에 입으께.
종두	지금 입어봐, 안 어울리면 바꾸러 간다고 했어.

억지로 엄마에게 옷을 입히는 종두. 그런 종두를 다른 식구들은 말없이 보고만 있다.

종두	(형수에게) 형수님은 다음에 더 좋은 거 사줄게.
종일처	아이고, 됐네요.
종두	와, 갑순 씨 이쁘네!

그리 싫지 않은 엄마의 표정.

14. 카센터 (내부/낮)

변두리 동네에 있을 법한 자동차 경정비센터 사무실. 경리를 보는 책상에는 종일의 처가 앉아 있고, 그 앞에서 종두가 전화를 하고 있다. 유리문 밖으로는 작업복을 입은 종일이 방금 수리를 끝낸 차의 차주와 이야기하고 있다. 공손함이 몸에 배어 있다.

종두	(수화기에 대고) 장사 잘돼? 때려쳤어? 왜? 그러

게 내가 뭐랬냐? 오늘 저녁 술 한잔 하자, 오랜
만에. 왜? 바빠? 장사 때려쳤다며? …… 장사 때
려쳤다며? …… 알았어. 알았어, 인마.

전화를 끊고 수첩 같은 것을 보며 다시 다른 곳에 전화한다.
그동안 종일이 차를 보내고, 다른 차를 손보고 있는 김군에게
뭐라고 이야기한 뒤 사무실로 들어온다.

종두   (전화가 안 된 모양인지, 교환원 목소리를 흉내 내며
          다시 전화를 건다.) 지금 거신 번호는 결번이오
          니…….
종일   (장갑을 벗으며 소파로 와서 앉으며) 너 일로 좀 와
          앉아봐.

종두, 자리에서 일어나 형 앞에 앉는다.

종일   (태도가 매우 진지하다.) 너도 인제 어른이 돼야
          지. 너 어른이 되는 게 뭔지 아냐? (사이) 어른
          이 된다는 거는 인제 니 마음대로, 하고 싶은 대
          로 살아서는 안 된다는 뜻이야. 자기 행동에 책
          임도 지고, 남이 날 어떻게 보나, 그것도 생각하
          고, 한마디로 이 사회에 적응을 해야 돼. 그게

어른이 되는 거야. (사이) 다리 좀 떨지 마.

다리 떨기를 멈추는 종두. 종일, 그런 동생을 말없이 바라보고 있다.

15. 중국집 (내부/낮)

배달 전문 동네 중국집 안. 종일과 종두가 주인과 마주 앉아 있다.

사장   나이가 몇이지?

종일   인제 스물아홉이에요.

사장   스물아홉이면 배달일 하긴 좀 많지 않아?

종일   나이가 무슨 상관있습니까? 무슨 일이든 해야죠. 특별한 기술도 없는데…….

사장   하긴 경험이 중요하지. 이런 경험도 해봐야 나중에 뭘 해도 할 수 있지. 자장면 배달을 하면서도 배울라면 배울 게 많아.

종두   일을 하면 언제부터 해요?

종일   아직 사장님 말씀 끝나지 않았어. 너는 항상 그래. 다른 사람하고 이야기할 때 이야기가 끝나

면 니 말을 하란 말이야. 뭐가 그렇게 급해? 남
의 말을 끝까지 잘 듣고, 무슨 뜻인가 잘 생각하
고, 그런 다음 할 말을 해도 하란 말이야.

사장   일을 하면 오늘부터 해야지.

종두   내일부터 하면 안 돼요? 오늘은 어디 가볼 데가
            있는데…….

종일, 종두를 노려본다.

종두   (형의 서슬에 눌려) 알았어요.

16. 아파트 밖 (외부/낮)

재개발을 앞둔 어느 낡은 서민 아파트 앞. 어느 집에서 이사
를 가는지 이삿짐 트럭이 세워져 있고, 짐꾼들이 짐을 싣고
있다. 종두가 그 옆을 지나서 아파트 안으로 들어간다. 그의
손에는 과일 바구니가 하나 들려 있다.

17. 아파트 계단 (외부/낮)

짐꾼들이 이삿짐을 들고 계단을 내려오고 있다. 종두가 계단을 올라오다가 비켜선다. 30대 초반으로 보이는 만삭의 젊은 여자가 계단 가운데 서서 짐꾼들에게 소리친다.

상식처   그건 깨지는 거니까, 조심해요!

계단을 올라가는 종두.

18. 공주의 집 (내부/낮)

서민 아파트의 좁은 방 안을 새 한 마리가 날고 있다. 순백색의 비둘기가 방 안을 자유롭게 부유한다. 때 낀 벽지와 얼룩진 천장, 고만고만한 세간 등이 보이는 방 안을 날아다니는 새의 모습은 너무 이질적이어서 신비롭기까지 하다. 창문으로 들어온 햇살을 받아 새의 날개가 눈부시게 빛난다.
새는 열린 방문을 통해 거실 쪽으로 날아간다. 거실은 이삿짐이 빠져나가 어수선하고 황량해 보인다. 새가 거실을 한 바퀴 돈 뒤, 낡은 싱크대 선반 꼭대기에 사뿐히 날아가 앉는 순간, 문간에서 종두의 목소리가 들린다.

종두(O.S.)   실례합니다!

불안하게 날개를 퍼덕이는 비둘기. 순간, 다시 날아오르는가
싶더니, 빠르게 거실을 가로지르면서 눈부신 햇빛 조각으로
바뀐다. 카메라 그 햇빛 조각을 따라 팬 하면, 문간에 서 있는
종두의 모습을 볼 수 있다.

종두   여기 홍상식 씨 집 맞죠?

그의 뒤쪽 벽에 햇빛 조각이 희미하게 어른거린다. 그는 약간
놀란 듯한 얼굴로 이쪽을 보고 있다.

종두   이 집 오늘 이사 가요?

그러나 상대는 대답이 없는 모양이다. 몸을 굽혀 앉는 종두의
움직임에 따라 카메라 틸트다운 하면, 우리는 거실 한쪽에 앉
아 있는 공주의 뒷모습을 볼 수 있다.

종두   이 집 딸인가 보네. 말할 줄 몰라요?

한순간 햇빛 조각이 종두의 얼굴에 올라간다. 눈이 부셔 우스
꽝스럽게 눈을 찡긋하는 종두. 동시에 쿡, 웃음소리가 들린다.

오아시스 각본집

우리는 이제 공주의 모습을 볼 수 있다. 그녀는 웃고 있다. 종두의 우스꽝스런 표정이 그녀를 웃게 한 것이다. 한눈에도 그녀가 중증 뇌성마비 장애인이라는 것을 알 수 있다. 목을 비틀어 힘들게 종두를 쳐다보고 있는 그녀의 손에는 작은 손거울이 쥐어져 있고, 지금까지 방 안을 날던 비둘기가 그녀의 판타지였음을 알 수 있게 한다.

종두는 그녀에게 강한 호기심을 느낀 얼굴이다. 무엇보다, 그녀가 자신의 표정을 우스워한다는 것에 신이 났다. 그는 이번에는 좀 더 표정을 우습게 만들며 말한다.

종두   이름이 뭐예요?

공주의 웃음이 더 커진다. 그는 계속 다양한 표정을 꾸며낸다. 그의 뒤로 상식이 들어선다.

상식   왜 그러세요?
종두   (돌아보며 일어선다.) 안녕하세요? 오늘 이사하시나 보죠?
상식   무슨 일로 왔어요?
종두   나 기억 안 나요? 우리 전에 만난 적 있는데. (농담하듯) 기억력 별로 안 좋으시네. (상식이 기억을 되살릴 기회를 주려는 것처럼 미소 지으며 쳐다본다.) 전에, 2년 6개월 전에 도봉경찰서에서 만났잖아요. (그래도 상식이 기억하지 못하자) 이 집 아저씨 교통사고로 돌아가셨을 때…….

상식   (비로소 종두를 알아보고 얼굴이 굳어진다.) 여기 뭐 하러 왔어요?

종두   그냥, 인사하러 왔어요. 어떻게 사시나 궁금하기도 하고……. 나 그저께 교도소에서 나왔걸랑요. 어제 바로 올라고 그랬는데 주소를 몰라서…….

상식   (어이없다는 듯 보다가) 빨리 나가요. 인사 같은 거 필요 없으니까 빨리 나가라고.

상식처   왜 그래? 누군데 그래?

종두   (계속 미소를 거두지 않은 채 사태를 수습하려고 한다.) 왜 화를 내고 그러세요? 그냥 인사하러 왔다는데…….

상식   인사는 무슨 인사? 누가 당신 보고 싶어 한다고? 빨리 가요!

그래도 종두는 머뭇거린다. 상식이 버럭 소리 지른다.

상식   빨리 가라고!

종두   알았어요. 갈게요. 하여튼…….

     오아시스 각본집

상식	(과일 바구니를 가리키며) 이것도 갖고 가요.
종두	(하는 수 없이 과일 바구니를 집어 든다.) 이사 잘 하세요. 어디 집 사서 좋은 데로 가시나 보죠?

물론 대답이 없다. 상식과 상식처, 말없이 그를 지켜보고 있다. 종두, 문을 나가기 전에 공주를 돌아본다. 비틀린 자세로 그를 보고 있는 공주.

19. 아파트 앞 (외부/낮)

이삿짐이 다 실린 것을 확인하고 상식이 차 앞쪽으로 걸어온다. 차에 막 타려고 하는데, 다가오는 종두.

종두	인제 출발하나 보죠?
상식	아직 안 갔어요? 가라는데, 안 가고 여기서 뭐 해요?
종두	(여전히 미소 지으며) 인제 가야죠. 그런데…… 저기 동생분은 여기 그냥 있나 보죠? 몸도 불편하던데…….
상식	그래서? 그게 당신하고 무슨 상관이야?
종두	그냥 물어본 거예요. 걱정돼서…….

상식	당신이 왜 걱정을 해? 진짜 웃기는 인간이네.
	알지도 못하면서……. (종두를 떠민다.) 가요, 빨
	리 가!
종두	알았어요. 갈게요.

종두, 과일 바구니를 든 채 돌아서서 걸어간다. 걸어가는 종두를 노려보는 상식.

20. 공주의 집 (내부/낮)

이삿짐이 빠져나가 휑뎅그렁한 거실. 일부 꾀죄죄한 세간은 그대로 남아 있다. 거실의 벽과 천장을 햇빛 조각이 날아다닌다. 빈 거실의 한쪽 벽에 기대어 앉아 있는 공주. 손거울을 손에 움켜쥐고 고개를 뒤로 젖혀 허공을 쳐다보고 있다. 불편한 손으로 손거울을 계속 움직여보지만, 새는 나타나지 않는 모양이다. 그녀의 비틀린 얼굴에 안타까움과 슬픔이 가득 찬다. 사실 그녀는 자기만의 작은 판타지를 통해 오빠 식구가 이사를 떠나고 혼자 남겨진 외로움을 잊어버리려는 것이다. 그러나 판타지는 보이지 않는다. 마침내 더 이상 참지 못하고 폭발하듯 거울을 던져버린다.
잠시 그 자리에 앉아있던 공주, 다시 몸을 끌고 손거울을 집어 든다. 거울은 산산이 깨어져서 조각들이 떨어져 나갔다.
그녀는 그것으로 햇빛을 반사하며 허공을 쳐다본다. 거실 구
석 벽 위로 이리저리 움직이며 어른거리는 부서진 작은 햇빛
조각들. 어느 순간, 그것들이 흰 나비들로 바뀐다. 거실을 꿈
결처럼 날아다니는 몇 마리의 하얀 나비들. 허공을 쳐다보며
웃고 있는 공주.
초인종 소리가 들려온다.

21. 아파트 문 앞 (외부/낮)

공주의 아파트 문 앞. 아무도 보이지 않고 문 앞에 과일 바구
니가 놓여 있다. (사이) 아래층 계단 쪽에서 종두가 숨어 있다
가 고개를 내밀어 이쪽을 본다. 공주의 아파트 문이 빼꼼히
열린다. 종두, 그것을 보고 아래로 내려간다.

22. 지하차도 (외부/저녁)

2차선 정도의 좁은 지하차도. 차들의 통행이 없이 비어 있다.
지하차도의 어둠 속에서 오토바이 소리가 들려온다. 이윽고
그 어둠 속에서 중국집 배달 오토바이를 탄 종두의 모습이 나

타난다. 지하차도를 나와 카메라 쪽을 향해 올라온다.

23. 부동산 중개소 앞 (외부/저녁)

어느 부동산 중개소 앞. 종두가 중국집 오토바이를 타고 도착한다. 철가방을 들고 안으로 들어간다.

24. 부동산 중개소 안 (내부/저녁)

40대 부동산 업자들 몇 명이 노름을 하고 있다. 종두가 문을 열고 들어와 빈 그릇들을 챙겨 철가방에 넣는다.

사장1   아까 계산했지?
종두   예.

종두, 그릇을 챙긴 뒤 어깨 너머로 화투판을 구경하며 서 있다. 사장2는 아까부터 노래를 흥얼거리고 있다.

사장2   한 번 보고 두 번 보고 자꾸만 보고 싶네. 아름
             다운 그 모습을 자꾸만 보고 싶네.

오아시스 각본집

종두, 자신도 모르게 노래를 따라 흥얼거린다. 사장2, 노래를 멈춘다. 그런데도 노랫소리 계속 들린다. 사장2는 그 주인공이 종두임을 알아챈다.

사장2   어이!
종두   예?
사장2   왜 남의 노래 따라 불러?
종두   예? (농담인 줄 알고 웃으며) 죄송합니다.

사장2, 다시 노래를 흥얼거린다. 패를 받아보지만 별로인 것 같다. 화투판을 구경하며 종두, 자신도 모르게 다시 사장2의 노래를 따라 흥얼거린다. 노래를 멈추는 사장2, 다시 종두를 쳐다본다. 종두, 열적게 웃으며 노래를 그친다.

사장2   어이, 난 누가 내 노래 따라 부르면 재수가 없
       어. 알아?
사장1   (종두에게) 그릇 찾았으면 가지 뭐 해?
종두   장사 끝난 시간이니까 천천히 가도 괜찮아요.

종두는 노름판 구경이 재미있는 모양인지 철가방을 든 채 계속 보고 있다.

사장2	(화투장을 내던지며) 아, 오늘 되게 안 되네.
사장1	(돈을 걷어들이며 신이 나서) 오늘 속이 안 좋으신가 봐. 먹었다 하면 싸시게.

25. 중국집 앞 (외부/밤)

어느 상가 건물에 있는 중국집. 밤늦은 시간이어서 가게들 대부분 문이 닫혔다. 종두가 오토바이를 타고 도착한다. 철가방을 들고 중국집 문을 밀어보지만, 불도 꺼져 있고 문도 닫혔다. 문을 몇 번 두드려보지만 모두 퇴근하고 없는 모양이다. 종두, 어떻게 해야 할지 몰라 그 자리에 망연히 서 있다.

26. 도로 (외부/밤)

밤늦은 거리를 달리는 종두의 오토바이. 뒤에 철가방을 싣고 있다.

27. 아파트 앞 (외부/밤)

공주의 아파트 건물 앞. 어둡고 인적이 없이 군데군데 가로
등 불빛만이 휑뎅그렁하다. 종두의 오토바이가 언덕길을 올
라온다. 건물 앞에서 멈추지 않고 그대로 지나치다가 한 바퀴
돌아, 다시 건물 앞으로 와서 멈춘다.
커다란 나무 그림자 밑에서 아파트 건물을 한참 올려다보는
종두. 겨울바람에 그의 얼굴을 덮은 나무 그림자가 스산하게
흔들리고 있다.

28. 공주의 방 (내부/밤)

창밖으로 보이는 나무. 창문 너머, 가로등 불빛 속에 이리저
리 바람에 몸이 쏠리며 흔들리는 나뭇가지들이 보인다.
카메라, 천천히 팬 하면 '씬 1'의 '오아시스' 그림이 수놓아져
있는 싸구려 벽걸이 카펫이 보인다. 창문으로 비쳐 들어온 검
은 나무 그림자가 오아시스 그림을 덮고 있다. 스산한 바람
소리와 함께 나무 그림자는 시종 불길하게 움직이고 있다. 라
디오 소리가 들려오고 있다.
어둠 속 침대 위에 웅크리고 있는 공주. 그녀는 어두운 굴속
에 갇힌 작은 짐승처럼 두려움에 가득 찬 시선으로 오아시스

그림을 덮고 있는 그림자를 보고 있다. 마치 그 두려움을 쫓아내려는 것처럼 머리맡의 라디오 볼륨을 올린다. 점점 커지는 라디오 소리.

29. 도로 (외부/밤)

오토바이 시점 샷. 차량 통행이 뜸한 어두운 거리를 달려간다. 멀리 영화 촬영 중인 레커차가 보인다. 점점 다가온다. 눈부신 하이키 조명이 그들의 모습을 어둠 속에서 비현실적으로 드러낸다. 눈부신 조명 가운데 카메라와 촬영팀들이 외제 오픈카 주위를 둘러싸고 있다. 화려한 의상을 입은 아름다운 젊은 남녀가 오픈카에 타고 있다. 레커차는 어둠 속에서 비현실적으로 나타났다가 빠르게 스쳐 지나간다.

오토바이에서 레커차를 돌아보는 종두. 갑자기 오토바이를 돌려 레커차를 따라간다. 오토바이 뒤에는 철가방이 실려 있다. 레커차 가까이 접근하자, 촬영팀들이 손을 흔들며 비키라고 한다. 그러나 종두는 계속 가까이 붙어 따라간다. 손을 흔들어 장난하듯 뭔가 소리 지르기도 한다. 그러다가 어느 순간, 오토바이가 균형을 잃고 만다. 오토바이와 함께 도로 가에 나가떨어지고 마는 종두.

30. 도로 (외부/밤)

쓰러졌던 종두가 엉금엉금 일어난다. 그의 뒤쪽으로 레커차
가 멀리 사라져간다.
다행히 많이 다친 것 같지는 않다. 절룩거리며 오토바이를 일
으켜 세우고, 철가방도 확인한다. 오토바이의 시동을 걸어보
지만 시동이 걸리지 않는다. 몇 번 계속 시동을 걸어보다가
하는 수 없이 오토바이를 끌고 간다.

31. 종일의 집 (내부/밤)

종두가 소파에 앉아 있고, 종일의 처가 그 앞에 앉아 다친 다
리에 약을 발라주고 있다. 종일은 곁에 서서 그 모습을 보고
있다. 그는 몹시 화가 나 있다. 엄마는 옆에 앉아 TV를 보고
있다.

종일   의정부는 왜 갔어?

종두   (웃으며 쳐다본다.) 그냥…… 한번 가봤어요.

종일   (종두의 대답이 더 화가 난다.) 니가 애들이야? 폭
         주족이야? 밤중에 짜장면 배달 오토바이로 의
         정부까지 왜 가?

종일처   (남편에게) 그만해요, 인제.
종일   에이.

화가 나서 방으로 가는 종일. 남편이 떠나자 종일처가 입을
연다.

종일처   미안한 말씀인데요, 난 정말 삼춘이 싫어요.

그녀의 목소리는 부드러울 만큼 차분하다. 약을 발라주는 손
길도 정성스럽다. 종두, 마치 우스갯소리를 듣는 사람처럼 미
소 짓는다. 엄마는 못 들은 척 TV만 보고 있다.

종일처   정말 미안한 말인데요, 삼춘 안 계실 때는 살 것
         같았어요. 삼춘 안 보이니까 집안에 걱정이 없
         어요. 나만 그런 게 아니고요, 민이 아빠도 그러
         고요, 어머님도 다 같은 생각이실 거예요. 이런
         얘기 하면 안 되지만, 결국 하게 되네요.

아무 대꾸도 않고 다리를 내밀고 있는 종두. 여전히 미소만
짓고 있다. 엄마도 TV만 보고 있다.

32. 동네 노인회관 (내부/낮)

동네 노인회관. 남녀 노인들이 강사의 지도에 따라 음악에 맞춰 사교춤을 배우고 있다. 동네 부녀회에서 노인들의 운동을 겸해 마련한 사교춤 배우기 모임이다. 노인들은 쌍쌍이 짝을 지어 어색하지만 나름대로 열심히, 약간은 우스꽝스럽게 춤을 추고 있다. 그 사이에 종두 엄마의 모습도 보인다.
종두가 안으로 들어선다. 재미있다는 듯이 잠시 서서 보다가,

종두   엄마! (부르는 어조가 꼭 어린아이 같다.) 엄마!

춤을 추다가 돌아보는 엄마, 종두에게 다가온다.

종두   엄마, 나 돈 좀 빌려줘.
엄마   엄마가 무슨 돈이 있어. 잘 한다. 인제 중국집도
            못 나가고.
종두   중국집은 내 적성에 안 맞아.
엄마   니 적성이 뭔데? 돈 뭐 하게?
종두   누구 좀 만나게.
엄마   누구?
종두   애인.
엄마   지랄한다.

33. 거리 (외부/낮)

공주의 아파트와 가까운 거리.
종두가 차들이 달리는 길을 무단 횡단해 온다. 그의 손에는
어울리지 않게 꽃다발이 들려 있다.

34. 공주의 아파트 문 앞 (외부/낮)

계단을 올라오는 종두. 벨을 누른다. 반응이 없자, 주먹으로
문을 두드린다. 그래도 마치 빈 집처럼 아무 반응이 없다. 계
단 아래에서 앞집 여자가 올라온다. 자기 집 쪽으로 가려다가
종두를 쳐다보고,

앞집여자	어떻게 오셨어요?
종두	저기요, 꽃배달 왔걸랑요.
앞집여자	꽃배달이요? (웃으며) 공주가 꽃 선물도 다 받네. 잠깐 기다려보세요.

여자는 아파트 복도 난간에 설치된 화분대로 다가간다. 그녀
의 행동을 슬쩍 훔쳐보고 있는 종두. 화분대에는 겨울에도 치
우지 않은 죽은 화초의 화분 같은 것이 지저분하게 놓여 있

다. 여자가 다시 돌아온다. 그녀의 손에는 열쇠가 들려 있다.

앞집여자   (열쇠로 공주의 아파트 문을 열며) 누가 보냈어요?
종두   아, 그런 거 아무한테나 가르쳐주면 안 되죠.

여자, 꽃을 받아들고 안으로 들어간다. 종두, 열린 문 사이로
안을 본다.
조금 열린 문 사이로 보이는 아파트의 내부. 앞집 여자가 공
주의 방 안을 들여다보며 뭔가 이야기를 하고 있다. 공주의
모습은 보이지 않는다.
얼른 문에서 물러서는 종두, 뒤이어 앞집 여자가 문을 열고
몸을 내민다.

앞집여자   누가 보냈냐고 묻는데요?
종두   (얼떨결에) 홍종두요. 홍종두란 사람이 보냈어요.
앞집여자   알았어요. 됐으니까 가보세요.

종두, 하는 수 없이 걸어 나온다. 그의 뒤로 문이 닫힌다.

35. 아파트 앞 (외부/낮)

공주의 아파트 앞. 종두가 아파트에서 걸어 나오다가 걸음을
멈추고, 아파트 쪽을 올려다본다.
종두의 시점으로 본 공주의 집. 베란다의 빨랫줄에 널린 여자
의 원피스 하나가 보인다. 바람에 약간 나부끼고 있다.

36. 아파트 계단 (외부/낮)

계단을 올라오는 종두. 아무렇지도 않은 듯 노래를 흥얼거리
고 있지만, 얼굴에는 왠지 긴장감이 엿보이는 것 같다.

37. 공주의 아파트 문 앞 (외부/낮)

종두가 공주의 집 앞으로 다가온다. 벨을 몇 번 눌러보아도
대답이 없다. 마치 주변 풍경을 구경하듯 둘러보다가, 슬쩍
복도 화분대 쪽으로 걸어간다. 이윽고 화분 밑에 숨겨진 열쇠
하나를 찾아낸다. 열쇠를 집어 들고 공주의 집 문으로 다가가
문을 열쇠로 연다.

38. 공주의 아파트 안 (내부/낮)

꾀죄죄한 살림살이가 한눈에 보이는 공주의 아파트 내부. 문
이 열리고, 종두가 조심스럽게 들어선다.

종두   (약간 장난스런 어조로) 계세요?

신발을 벗고 안으로 들어선다. 조심스레 이곳저곳을 둘러보
다가 이윽고 공주의 방 쪽으로 다가간다.

39. 공주의 방 (내부/낮)

공주의 시점 샷. 방 안의 일부와 낡은 화장대의 거울이 보인
다. 화장대 앞에는 종두가 가져온 꽃이 놓여 있고, 거울을 통
해 닫혀 있는 방문을 볼 수 있다. 공주의 긴장된 숨소리가 들
린다. 숨소리는 점점 거칠어진다. 방 밖에서 종두의 소리가
들린다.

종두(O.S.)   계세요?

거울을 통해 방문이 열리는 것이 보인다. 종두가 천천히 들어

선다. 그가 미소를 짓는다.

종두   안녕?

카메라, 그의 시선을 따라 팬 하면, 숨듯이 벽에 기대어 앉은 공주를 볼 수 있다. 그녀는 공포에 질려 있다.

종두   꽃 마음에 들어?

공주 앞에 앉는다. 공주는 놀라 몸을 더욱 웅크린다.

종두   야, 겁내지 마. 나 나쁜 뜻으로 찾아온 거 아냐.
                  (공주의 긴장을 풀어주려 애쓰는 것 같다.) 내가 왜
                  왔느냐? 궁금하지? 말해줄까 말까? (재미있는
                  농담하듯 킬킬 웃는다.) 너한테 관심이 있어서, 사
                  귀어볼라고 찾아온 거야. 거짓말 같애?

공주는 간신히 입을 움직이며 무슨 말을 하려 한다. 그러나 그것은 알아듣지 못할 약한 신음소리 같은 것이 되고 만다. 긴장과 충격은 그녀의 마비 상태를 더욱 심하게 만들고 있다.

종두   넌 그만하면 그런 대로 괜찮은 얼굴이야. 여자로서. 예뻐. 지난번에 너 처음 봤을 때부터 그렇게 느꼈어.

웃으며 이야기하고 있지만, 그의 말은 꽤나 진지하다. 그는 공주의 얼굴을 만지려 한다. 공주가 더욱 공포에 질려 물러난다. 그녀의 목이 젖혀지며 몸이 뒤틀린다.

종두   겁내지 마. 왜 사람을 못 믿어? 내 전화번호 줄까?

그는 명함을 꺼내 화장대의 거울에 끼워둔다. 종일의 카센터 명함이다. 그리고 공주에게 다가간다. 공주, 그를 피하려다 몸의 균형을 잃고 쓰러진다.
방바닥에 누운 채 버르적거리는 공주. 종두, 몸을 굽히고 그녀의 발을 만지기 시작한다. 겁에 질려 뒤틀려 있는 공주의 얼굴. 시선은 허공 어딘가를 안타깝게 더듬고 있다.

종두   너, 니 발이 참 이쁘다는 거 알아? 니 발은 내가
             본 여자 발 중에 제일 이뻐.

공주의 발가락 하나하나에 입을 맞춘다. 그는 정말로 그녀의 발이 예쁘고 사랑스럽다고 느끼고 있다.

종두   사실은, 나는 여자 발 지금 처음 보거든.

제 딴에는 그것이 재미있는 농담이라고 생각하는지 킬킬 웃
기 시작한다. 이제 그는 그녀의 손발을 만지고 얼굴을 만진
다. 공주의 입이 뒤틀리기 시작하고 목이 고통스럽게 돌아가
기 시작한다.

공주   하, 아아, 하아, 지, 이, 이, 마아…….

그러나 종두는 점점 어떤 억제할 수 없는 욕망에 이끌린다. 공
포에 질려 있을 뿐 아무런 저항도 하지 못하는 여자의 몸이 그
욕망을 더욱 부추기는 것 같다. 그리고 그 욕망에 쫓기듯 숨결
이 거칠어지고 있다. 그는 그녀를 등 뒤에서 안아 일으킨다.

종두   일어나. (장난처럼) 착하지.

그러나 그는 그녀를 안은 채 잠시 그대로 있다. 자기 팔에 안
긴 여자의 몸을 느끼고 싶은 것이다. 공주는 너무 긴장해서
오히려 더욱 몸을 움직이지 못한다. 얼굴만 점점 비틀어지고
있을 뿐이다.
그는 고개를 숙여 그녀의 젖가슴을 들여다본다. 좀 더 잘 보
기 위해 옷깃을 들치고 들여다본다. 그의 얼굴이 달아오르고

숨결은 더 거칠어졌다.

종두   참, 이쁘네……. 이뻐…….

어린애 같은 그의 탄식은 진심이다. 아마도 그는 젊은 여자의
젖가슴을 이렇게 가까이서 보긴 처음인 것 같다. 그는 자신의
내부에서 치솟아 오르는 욕망을 억제하려 하지만, 누를 수가
없다. 마침내 그는 공주의 옷 속으로 손을 집어넣어 젖가슴을
만지기 시작한다. 난생처음 경험하는 그 따뜻함과 부드러움
을 음미하려는 것처럼 눈을 감는다. 그의 얼굴이 점점 상기되
고 숨결이 거칠어진다. 욕망은 점점 걷잡을 수 없다.
그는 그녀의 윗도리 단추를 푼다. 그녀의 입에서 약한 신음소
리 같은 것이 겨우 새어 나온다. 그녀의 젖가슴이 드러난다.
그것은 참혹하게 비틀린 빈약한 사지에 불균형스럽게 보일
정도로 커다랗게 성숙해 있다. 그러나 그에게는 그것이 난생
처음 보는 아름다운 창조물처럼 경이롭게 보인다.

공주   지이, 제에, 제에, 제에……. 바, 바, 바아…….
종두   가만, 가만 좀 있어.

그녀의 젖가슴에 입을 맞춘다. 그러면서 그 자세로 자신의 바
지를 벗는다. 젖가슴에 계속 입을 맞추면서 바지를 벗고 공주

의 옷을 벗긴다. 그녀의 몸이 버둥거린다. 젖혀진 목이 고장 난 시계추처럼 마구 돌아가면서 막혔던, 짐승 같은 소리가 튀어나온다.

공주   우우우어어아아…….
종두   (놀라 위협하듯 소리 지른다.) 가만있어, 씨발년
          아! (그리고 곧 애원하듯) 가만…… 가만 좀 있
          어…… 응?

마침내 그는 공주를 겁탈하기 시작한다. 그녀의 입에서 짐승 같은 신음소리가 흘러나오지만 아랑곳하지 않고 행위를 계속한다. 그녀의 사지가 뒤틀리다가 눈이 허옇게 뒤집히더니 마침내 몸이 축 늘어지고 만다. 그제야 종두가 놀라 그녀의 얼굴을 잡고 흔든다.

종두   야, 야! 정신 차려!

그녀의 몸을 세차게 흔들고, 뺨을 때리기도 한다. 그러나 공주의 몸은 이미 시체처럼 축 늘어져서 반응이 없다.

종두   하, 씨발, 이거 큰일 났네.

그는 우선 벗겨져 있는 자신의 바지부터 끌어 올린다. 마치 방금 살인을 저지른 사람처럼 당황해서 어찌할 바를 모른다. 잠시 의식을 잃은 공주를 내려다보다가 그녀의 어깻죽지를 잡고 방 밖으로 질질 끌고 나간다. 시체처럼 축 늘어진 그녀의 몸을 끌고 거실을 가로질러 욕실 쪽으로 가며 계속 뭐라고 욕을 하고 있다.

종두   아이, 씨발…….

40. 욕실 (내부/낮)

세면기와 변기가 있고, 욕조 대신 세탁기가 놓인 지저분하고 좁은 욕실. 종두, 공주를 욕실 안으로 끌고 들어온다. 그는 어린애처럼 당황해서 자기 손바닥으로 자기 뺨을 때리며 욕한다.

종두   아이구, 새끼야. 씹새끼야……. (샤워기를 끌어
            와 그녀의 얼굴에 물을 뿌리기 시작한다.) 아이, 씨
            발. 아이, 씨발…….

샤워기에서 뿜어져 나오는 물이 공주의 얼굴과 가슴까지 적신다. 물의 냉기가 그녀를 떨게 하고 정신이 들게 한다. 사래

가 들린 듯 기침하는 공주. 종두는 빨랫감 통에 담긴 옷 하나를 꺼내 그녀를 대충 닦아준다.

그녀가 어느 정도 정신이 들자, 종두는 욕실을 빠져나간다. 욕실 밖에서 계속 기침하는 공주를 지켜보고 있다. 자기 얼굴을 다시 때리기도 한다. 슬금슬금 현관문 쪽으로 가더니, 마침내 문을 열고 나간다.

41. 거리 (외부/낮)

공주의 아파트 앞 거리. 공주의 집을 나와 길을 걸어가는 종두. 몹시 화가 나 있다. 아마도 자기 자신에게 화를 참을 수가 없는 모양이다. 길가의 쓰레기통을 걷어차다가 놀라서 쳐다보는 사람들에게 소리 지른다.

종두   뭐? (보란 듯이 한 번 더 걷어차며) 뭐?

42. 종일의 집 (내부/낮)

좁은 집 안에서 음악을 틀어놓고 사교춤을 추고 있는 할머니들. 며느리가 집을 비운 사이 엄마가 친구들을 집으로 불러 춤을 추고 있다. 두 쌍이 마주 서서 춤을 추고 있고, 짝이 없는 할머니 한 명은 옆에서 혼자 스텝을 밟고 있다. 여자들끼리지만 나름대로 짝을 맞추어 노인회관에서 배운 춤을 연습하고 있다. '쿵작작 쿵작작' 하며 박자를 넣기도 하고 스텝이 엉켜 웃기도 한다. 벨 소리가 들린다. 노인들이 놀라 춤을 멈춘다.

친구1   오메, 이 집 마나님 아녀?
친구2   (낄낄거리며) 큰일났네.
엄마   우리 며느리 올 시간이 안 됐어.

엄마, 현관문으로 다가간다.

엄마   (조심스럽게) 누구세요?
종두(O.S.) 나야, 엄마.
엄마   (안심한 듯이 돌아보며) 괜찮아, 괜찮아. 우리 둘
           째야.

문을 따주면, 종두가 들어온다.

엄마   웬일이셔? 대낮에 집에 다 들어오시고. 인사해.
           우리 노인회관 친구들이다.
종두   안녕하세요?

노인들, 다시 춤을 추기 시작한다. 춤추고 있는 노인들의 모습을 말없이 보고 있는 종두. 냉장고로 가서 유리병을 꺼낸다. 유리병에 든 물을 병째로 마시고, 유리병을 잡은 채 음악에 맞춰 춤추는 동작으로 노인들에게 다가온다. 혼자 스텝을 밟고 있는 할머니의 손을 잡아 춤추며 돈다. 사람들이 웃는다. 춤추고 있는 사람들의 움직임 사이로 현관문이 열리고 종일의 처가 들어서는 것이 보인다. 그녀는 집 안의 풍경을 어이가 없다는 듯이 바라보다가, 안으로 들어온다.
그제야 사람들이 그녀를 발견하고 허둥지둥 흩어진다.

종일처   (전축의 볼륨을 줄이며) 음악 좀 줄이시고 하세요. 동네 떠나가겠어요.

엄마   (당황한 기색이 역력하다.) 일찍 들어왔네. 가게는 어쩌고?

종일처   (노인들에게) 오셨어요? 노세요. 괜찮아요. (교양 있게 웃으며 이야기하지만, 자신이 화를 내고 있다는 것을 노골적으로 드러내고 있다.)

친구1   인제 가야지, 많이 놀았는데.

엄마   노인정이 공산가 뭐신가 한다고 해서……. 우리끼리 연습 한번 해볼라고…….

종일처   예, 그러셨어요. (여전히 교양 있게 웃으며) 춤 배우면 춤바람 난다더니, 어머님도 춤바람 나셨네요. (노인들에게) 괜찮아요, 계속하세요.

그러나 노인들은 어찌할 바를 모르고 엉거주춤하게 있다. 종
두, 유리병에 입을 대고 물을 마신다.

종일처   삼촌! 제발 병에 입 대지 말고 마셔요!

종두, 갑자기 놀라 사래가 든 듯 기침을 하며 유리병을 떨어
트린다. 종두가 깨진 병을 보다가 고개를 들고 열적게 웃는
다. 그러더니 앞으로 한 걸음 내딛는다. 사람들의 놀라는 반
응 소리 들린다. 아직까지 카메라는 종두의 표정만을 잡고 있
다. 얼굴을 붉힌 채 그는 재미있는 장난을 하듯 웃고 있다. 그
러나 얼굴에는 고통이 엿보인다.
카메라, 틸트다운 하면, 비로소 우리는 유리 조각을 밟고 있
는 종두의 두 발을 볼 수 있다. 발바닥에서 배어나온 피가 바
닥을 적시며 흘러나온다. 카메라, 다시 틸트업 하면, 그는 마
치 고행을 견디는 미치광이 수행자 같은 미소를 짓고 있다.
그러나 그 웃음은 어찌 보면 처절한 울음 같다.

43. 공주의 방 (내부/밤)

어둠 속. 공주의 방 벽에 걸린 '오아시스' 그림 위로 어른거리
는 검은 나무 그림자. 오늘따라 바람이 심한지 그림자의 움직
임이 더욱 어지럽다. 라디오 소리가 들려오고 있다.
침대 위에 웅크리고 있는 공주. 바람 소리, 나무 흔들리는 소
리가 계속 들려온다. F.O.

44. 공주의 아파트 거실 (내부/낮)

문이 열리고 앞집 여자와 앞집 남자가 들어온다. 앞집 남자는
택시기사 복장을 하고 있다.

앞집여자   (남자에게 끌려오다시피 들어와) 왜 그래? 일 안
          하고 들어와서…….
앞집남자   일은 일이고…… 요새 당신 얼굴 볼 틈이 있어
          야지. 낮이나 밤이나 애새끼들 있지, 어머니 있
          지…….
앞집여자   (얼굴을 들이대고) 봐, 봐. 많이 봐. 아이구, 왜 이
          래? (짜증을 내며 달려드는 남자를 밀어내고 주먹
          으로 때린다.) 들어가야 돼. 당신 어머니 기다려.

오아시스 각본집

눈치가 얼마나 빠른데……

그러나 남자는 여자를 강제로 끌어안고 입을 맞추려 한다.

앞집여자   냄새 나. (말은 그렇게 하지만, 이미 발동이 걸린 것
              같다.) 점심에 뭐 먹었어? 보신탕 먹었지? 그거
              먹고 힘쓰려는구나?

남자에게 이야기를 하면서 깨물 듯이 입을 갖다 댄다. 마치
너무나 먹고 싶어서 참지 못하는 음식이나 되는 듯이. 두 사
람, 입을 맞추면서 바닥에 쓰러진다. 여자가 정신없이 남자와
키스하다가 문득 눈을 뜬다. 반쯤 열려 있는 공주의 방문. 그
사이로 공주가 보고 있다.
여자, 입을 맞댄 상태에서 갑자기 웃기 시작한다. 남자가 놀
라 입을 뗀다.

앞집남자   왜 그래?
앞집여자   쟤가 봐.
앞집남자   괜찮아.

남자는 본격적으로 일을 시작하려 한다. 여자가 공주에게 손
짓한다. 공주의 방문이 천천히 닫힌다.

45. 공주의 방 (내부/낮)

벽에 웅크리고 앉아 있는 공주.

바깥에서 그들의 소리가 들려오고 있다. 그 소리는 노골적이고 적나라하며 약간 희극적이기도 하다. 고개를 기울여 허공을 보며 그 소리를 듣고 있는 공주의 얼굴에서 소리 없이 눈물이 흘러내린다.

여자의 신음 소리가 점점 커지면서 절정을 향해 치닫는다. 눈물을 흘리던 공주가 갑자기 쿡, 웃는다. 신음 소리가 몹시 우습게 느껴진 것이다. 신음 소리는 점점 야릇한 곡선을 그리고 있다. 공주가 불편하게 움켜쥔 손을 쳐들어 뭔가 손짓을 시작한다. 마치 지휘봉을 쥔 지휘자의 손길처럼. 바깥의 소리는 그녀의 손짓에 따라 정확히 반응한다. 마침내 공주의 손이 크게 치솟는다. 바깥의 소리도 고음으로 숨 가쁘게 올라간다. 공주의 손이 내려오고 신음 소리도 가라앉는다.

초인종 소리가 들려온다.

46. 공주의 아파트 거실 (내부/낮)

정신없이 자리에서 일어나는 앞집 여자와 남자. 초인종 소리 계속 들린다.

오아시스 각본집

| 여자 | 아이고, 큰일 났네. 누구야? (남자를 주먹으로 친다.) 그러게 내가 하지 말랬잖아. (옷을 대충 걸치며 문으로 달려간다. 렌즈로 밖을 내다본다. 놀라 남자를 향해 서두르라고 정신없이 손짓한다.) 예! 잠깐만요. |

이윽고 문을 열어주면, 상식이 서 있다.

여자	안녕하세요? 오셨어요?
상식	예, 안녕하세요? 웬일이세요? 두 분 다 여기 계시고.
여자	예, 공주 땜에. 나는 밥 차려줄라고 왔고, 이 양반은 걱정된다면서 같이 왔어요. 혼자 있으니까……. 신경 쓰이죠, 아무래도.
상식	이거 신세 너무 많이 지네요.
여자	괜찮아요. 신세는 무슨 신세. (소리친다.) 공주야! 오빠 오셨네!

47. 공주의 방 (내부/낮)

벽에 기대어 앉은 채 바깥의 대화를 듣고 있는 공주.

48. 아파트 단지 (외부/낮)

시점 샷. 눈발이 흩뿌려지는 차창 밖으로 흘러가는 고층 아파트 단지의 풍경. 공주 시점인 약간 앙각. 차가 단지를 한 바퀴 도는 듯 눈발 사이로 고층 아파트 건물들이 선회하고 있다.
차창 밖을 내다보는 공주의 얼굴. 차창 유리에 눈발이 날아와 부딪친다. 상식이 차 문을 열고 휠체어를 앞에 댄다.

상식   다 왔다. 내리자.

오빠의 부축을 받아 힘들게 차에서 내려 휠체어에 옮겨 타는 공주.

49. 상식의 아파트 (내부/낮)

그리 넓지는 않지만 깔끔하게 꾸며진 상식의 아파트. 공주의 집과는 대조적이다.
초인종 소리가 들리며 상식의 처가 달려 나간다.

상식처   예!

문을 열면, 두 명의 동사무소 직원이 서 있다.

동직원   동사무소에서 거주자 방문조사하러 나왔는데요.

상식처   예, 방송 들었어요. 들어오세요.

동직원이 들어온다. 상식이 거실에서 TV를 보다가 일어나 인
사한다.

동직원   여기…… (서류를 들여다보며) 입주자 이름이 한
          공주 씨죠?

상식처   예, 우리 아가씨, 시누이예요.

동직원   어디 계세요?

상식처   이 방이에요.

상식처, 동직원을 안내해서 작은 방의 문을 연다. 우아하게
꾸며진 방 안에 공주가 앉아 있다. 음악을 감상하는 듯 우아
한 음악 소리가 들린다.

상식처   저렇게 음악을 좋아해요.

동직원   안녕하세요?

공주, 그냥 올려다볼 뿐 아무 말도 하지 않는다.

상식처	(변명하듯) 낯선 사람을 보면 긴장해서 말을 잘 못 해요. 아가씨, 뭐 마실 거 줘요? (공주, 고개를 흔든다.) 참, 손님한텐 안 물어보고. (동직원에게) 뭐 좀 마실 거 드릴까요?
동직원	됐습니다. 가야죠. (변명하듯) 요새 장애인용 아파트에 명의만 빌려서 가짜로 입주한 사람들이 많다고 해서요……. 직접 방문조사를 하는 거예요. 실례가 많았습니다.
상식처	그럼요, 조사해야죠.

상식처, 동직원을 따라 현관으로 나간다. 무표정하게 TV를 보고 있는 상식.

50. 공주의 아파트 (내부/밤)

어두운 아파트 거실. 문이 열리고 공주를 업은 상식이 들어선다. 등에 업힌 공주를 내려놓는다.

상식	야, 너 뭘 먹고 이렇게 무겁냐?

공주, 그 소리가 우스운지 소리 내어 웃는다. 한번 웃음이 터

지자 참지 못하고 거위처럼 목쉰 소리로 웃어댄다.

상식   (벽에 붙은 스위치를 올리며) 이놈의 불은 아직도
          이래.

거실의 형광등이 껌벅대다가 겨우 켜진다. 상식은 들어오지
않고 그대로 서 있다.

상식   차에서 올케 기다리니까 오빠는 그냥 가야겠다.
          무슨 일 있으면 전화해. 앞집 사람들 밥 제때 안
          채려주거나 마음에 안 들면 바로 전화해. 한 달
          에 20만 원씩이나 주는데……. 20만 원이면 작
          은 돈 아냐. 알았지?
공주   (더듬거리는, 그러나 알아들을 수 있는 소리로) 알,
          아써……. 빠, 빨리 가…….
상식   자주 올게.

상식, 나간다. 공주, 그 자리에 한참 그대로 앉아 있다.

51. 공주의 방 (내부/밤)

부감. 낡은 화장대의 거울. 거울 위쪽 모퉁이에 지난번 종두가 끼워놓았던 명함이 그대로 있다. 힘겹게 몸을 끌고 방으로 들어오는 공주의 모습이 거울에 비쳐 보인다. 벽에 기대어 앉는다. 익숙한 공간의 적막함이 왠지 오늘따라 몹시 견디기 힘든 것 같다.

이윽고 공주는 거울 앞으로 다가온다. 거울 앞에 바싹 붙어서 자신의 모습을 본다. 아마도 자신을 예쁘다고 말했던 종두의 말을 떠올리는 것 같다.

그녀의 시선이 위로 향한다. 꽂혀 있는 명함을 보는 것이다. 몸을 힘들게 일으키는 공주. 화장대를 붙들고 일어서서 명함을 떼어낸다. 그것을 한참 들여다본다.

52. 카센터 안 (내부/밤)

불 꺼진 카센터 사무실. 소파에 담요를 덮어쓰고 누군가 누워 있다.

전화벨이 울린다. 벨이 몇 번이나 울리고 나서야 담요 아래에서 팔이 꿈지럭거리며 뻗쳐져 나와 수화기를 든다.

종두   (잠에 취한 소리) 여보세요. (사이) 예? 예? (약간
        짜증스럽다. 무슨 소린지 못 알아듣는 모양이다.) 뭐
        라고요?

수화기를 놓아버린다. 사이. 갑자기 담요 덩어리가 몸을 일으
킨다. 상대가 누군지 생각이 난 모양이다. 종두, 두르고 있던
담요를 벗고 그 자리에 멍청히 앉아 있다. 충격을 받은 것처
럼 심각하다. 사이.
다시 벨이 울린다. 선뜻 받지 못한다. 그러다가 이윽고 수화
기를 든다. 그러나 입을 열지 않고 가만히 있다.

53. 공주의 방 (내부/밤)

전화를 하고 있는 공주. 수화기에 대고 힘들게 말을 하고 있다.

공주   무, 물어보오 마아마 아아 이…… 이서 저나 해
        했어요…….

안간힘을 써서 한 마디 한 마디 내뱉지만, 그러나 알아듣기가
힘들다.

54. 카센터 안 (내부/밤)

굳은 얼굴로 수화기를 들고 있는 종두.

55. 공주의 아파트 문 앞 (외부/낮)

다음 날 공주의 집 문 앞. 종두가 계단을 올라온다. 그는 마치 범죄 현장을 다시 찾는 것처럼 조심스럽고 긴장되어 있는 것 같다.
벨을 누른다. 기척이 없다. 한 번 더 눌러본다. 그래도 반응이 없다. 어떻게 할까, 망설이다가 돌아선다. 계단을 막 내려가 려는데, 딸깍, 문 열리는 소리가 들린다. 돌아보면, 문이 빼꼼히 열려 있다.
다시 조심스럽게 문으로 다가오는 종두.
열린 문 사이로 공주의 모습이 보인다. 그녀는 입식 옷걸이에 몸을 의지하고 반쯤 일어선 채 종두를 보고 있다.

56. 공주의 아파트 (내부/낮)

아파트 거실. 공주와 종두, 양쪽 벽에 기대어 앉아 마주 보며 이야기하고 있다. 정측면 F.S.

공주를 대하는 종두의 태도는 그답지 않게 좀 긴장되어 있고,
조심스럽다. 그러나 오히려 공주는 마치 아무 일 없었던 것처
럼 밝고 오히려 장난스럽게 보일 정도다.

종두　　너 전화로 물어보고 싶은 게 있다고 했지? 묻고
　　　　싶은 게 뭐야?

고개를 불균형스럽게 기울인 채 말없이 종두를 보던 공주, 이
윽고 입을 연다. 아주 힘들게 하는 말이지만, 어렵게나마 알
아들을 수 있다.

공주　　왜…….
종두　　(그녀의 말을 확인하기 위해 반복한다.) 왜…….
공주　　나, 나한테…… 꼬, 꼬츨…….
종두　　왜 나한테 꽃을…….
공주　　꼬츨, 주, 주어어서요?
종두　　왜 너한테 꽃을 주었냐고?
공주　　예.
종두　　그게 알고 싶었어?

공주, 고개를 끄덕인다. 종두는 뭐라고 대답해야 할 줄 모른다.

종두   모르겠어. 그냥…… 그러고 싶었어.

사이.

종두   너 진짜 이름이 공주야?
공주   (고개를 끄덕이며) 예.

종두, 웃는다.

공주   (힘들게) 왜요?
종두   공주치고는 좀…… 그렇다, 응?

공주, 소리 내어 웃는다. 종두는 그녀의 웃음에 약간 용기를
낸다.

종두   우리 조상은 장군이었어. 너 홍경래 장군이라고
         알아? 나 홍경래 장군 18대손이야.
공주   호, 호오교옹래느으 장구우이 아니어었…….
종두   (잘 알아듣지 못한다.) 뭐?
공주   호호옹교옹래느으 장구우이 아니고. 바, 반역어
         자었어어요.
종두   홍경래가 장군이 아니고 반역자였다고? (공주,

고개를 끄덕인다. 종두는 자신이 없다.) 그런가?

공주가 먼저 웃는다. 종두도 따라 웃는다. 공주의 웃음소리는
조금 격해진다. 그녀는 한번 웃음이 터지면 수습하기가 어렵
다. 사이.

종두   니 이름이 공주니까 앞으로 널 마마라고 불러줄
         게. 공주마마.
공주   나아아느으 장구이라고 부를게요.
종두   장군이라고 부른다고?
공주   예.

사이.

종두   마마!
공주   예, 자, 장군!

두 사람 웃는다. 그러나 곧 어색한 침묵이 뒤따른다. 두 사람
을 사로잡는 뭔가 낯선, 알 수 없는 감정을 느낀 것이다. 사이.

공주   장구우은 무우슨, 일 해요?
종두   내가 무슨 일 하냐고? (약간 당황한다.) 어, 자동

차 정비하는 일. 우리 형이 카센타를 하는데 같
이 일하고 있지.

공주   조, 조켔, 다.

종두   뭐가 좋아?

공주   나아느으 일하는 사람이 부러어요.

종두   (말없이 공주를 보다가) 여기 답답하지? 우리 외
출할래?

57. 옥상 위 (외부/낮)

극단적인 부감. 휠체어를 타고 있는 공주의 머리 위에서 보는
시점. 휠체어 천천히 움직이고, 카메라 그녀의 머리 위에서
극부감으로 따라간다. 문득 휠체어의 움직임 멈추고, 그녀가
힘들게 고개를 젖히고 하늘(카메라 방향)을 쳐다본다.

58. 하늘 (외부/낮)

인서트. 공주의 눈에 보이는 하늘. 극앙각. 흰 구름이 드문드
문 흩어진 얼음장처럼 투명하고 푸른 겨울 하늘.

오아시스 각본집

59. IMAGE (외부/낮)

극단적인 *CLOSE UP*. 화면에 가득 찬 공주의 눈동자. 그것은 어둡고 둥근 하나의 우주 모양을 닮았다. 그 위에 차갑고 푸른 하늘이 어려 있다. 그 위에 한 꺼풀 물기가 맺히더니 눈물이 되어 떨어진다. 초현실적이며 환상적인 이미지.

60. 옥상 위 (외부/낮)

하늘을 쳐다보며 눈물을 흘리는 공주의 얼굴. B.S.
롱샷. 우리는 이제 이곳이 아파트 옥상 위임을 알 수 있다. 낡고 지저분하며 몹시 황량한 옥상 한가운데 휠체어를 탄 공주와 종두가 있다.

61. 종일의 집 앞 (외부/낮)

한쪽에 배관 공사를 하고 있는 골목길을 종두가 걸어가고 있다. 왠지 기분이 아주 좋아 보인다. 그리고 뭔가 자랑하고 싶어 근질근질해하는 그런 표정이다. 문득 걸음을 멈춘다.

종두   엄마!

집 앞에서 엄마와 종일의 처, 그리고 목사가 나오고 있다. 목
사는 40대의 매우 진지해 보이는 사람이다.

엄마   오늘은 어째 이리 일찍 들어오냐? 인사드려. 우
           리 교회 목사님이시다.
종두   안녕하세요?
목사   예, 안녕하세요? 얘기 많이 들었습니다. 고생
           많았지요?
엄마   우리 집에 심방 오셨다가 지금 가시는 길이다.
종두   (제법 의젓하게) 수고 많으십니다.
엄마   (목사에게) 얘 어릴 때 성가대 참 열심히 했어요.
목사   (종두를 유심히 보며. 마치 그의 영혼에 관심이 많다
           는 듯이) 예.

종두, 인사하고 집 안으로 들어간다. 그러나 몇 걸음 가다 말
고 멈춰 서서 뒤를 돌아본다.

종두   저기요! (목사에게 다가간다.) 저, 부탁이 있는데
           요……. 목사님 지금 절 위해서 기도 좀 해주시
           면 안 돼요?

사람들은 무슨 뚱딴지같은 소리냐는 표정이다. 장난인 줄 알고 엄마가 주먹으로 종두를 때린다.

종일처   삼촌, 왜 그래요?

그러나 종두의 표정은 매우 진지하다.

목사   지금요?
종두   예.
목사   (약간 감동받은 눈치다.) 그럽시다. 지금 같이 기
             도하십시다.

목사가 주위를 둘러보더니 먼저 주차해 있는 차들 뒤쪽으로 걸어간다. 모두가 그 뒤를 따라가 어느 차 뒤쪽의 좁은 공간에 모여 선다. 기도를 시작한다. 사람들이 왔다 갔다 하는 골목 한쪽에 고개를 숙이고 기도하는 그들의 모습은 조금 기묘해 보인다. W.S. 정도. 기도하고 있는 목사. 네 사람은 서로의 손을 맞잡은 채 둘러서 있다.

목사   아버지 하나님, 여기 당신의 구원의 손길을 기
             다리는 가련한 영혼이 있사오니, 거두어주십시
             오. 그의 죄를 씻어주시고 그의 영혼이 더 이상

더럽혀지지 않고 방황하지 않도록 은혜 베풀어 주시길 간절히 기도합니다. 이제 이 젊은 영혼이 아버지의 사랑으로 거듭나길 원하고 있사오니…….

간간이 '아멘'이라고 화답하는 엄마와 형수. 기도를 듣는 도중에 종두는 몰래 눈을 쳐들어 하늘을 본다. 그는 정말 뭔가를 간절히 기원하는 것 같은 얼굴이다.

62. 카센터 안 (내부/낮)

작업장에서 차를 손보고 있는 종일. 종두가 들어와 일하고 있는 종일에게 다가온다.

종두   형님!

종일 힐끗 쳐다보고 계속 일한다.

종두   형님, 나 일 좀 가르쳐줘요.

종일, 그제서야 종두를 쳐다본다.

종일	니가 일을 배우겠다고?
종두	예.
종일	여기서? 나한테?
종두	예. 자동차 정비일 좀 배워보죠, 뭐. (계속 몸을 끄덕거린다.) 할 수 있어요. 열심히 할게요.
종일	너 무슨 일 있냐? 왜 그래?

다른 차로 걸어간다. 종두, 그 뒤를 따라간다.

63. 카센터 안 (내부/저녁)

카센터 작업장. 들려 올라간 차 밑바닥에서 종두가 김군에게
일을 배우고 있다. 김군은 얼핏 보기에도 스무 살 정도밖에
안 돼 보이는 애송이다.

김군	그건 그렇게 하면 안 된다고 했지. 그런다고 돌아가나.
종두	(나름대로 열심히 렌치를 돌려보지만 말을 안 듣자) 아이 씨발 어렵네. 이거. 야, 어떻게 하냐?
김군	야아? 야, 라니?
종두	선배님.

김군	그렇지.
종두	선배님, 이거 어떻게 하는 거냐?

김군이 능숙하게 시범을 보여준다.

64. 공주의 집 욕실 (내부/낮)

공주의 집 좁은 욕실 앞 벽에 공주가 기대어 앉아 있다. 욕실
안에서는 종두가 공주를 위해 빨래를 하고 있는 모습이 보인
다. 다리를 걷어붙이고, 이불 홑청, 커튼 등 온갖 밀린 빨래들
을 빨고 있다.

공주	무스은 새글…… 조아해요?
종두	무슨 색을 좋아하냐고? (이런 질문을 처음 받아보
	았다.) 에 또…….
공주	나아는 흰, 색이 제일 좋아요.
종두	나도 흰색이 좋아. 깨끗하잖아.
공주	계절은…… 어느 계절이 제일 좋아요?
종두	어……. 여름.
공주	나는…… 겨울이 좋아요. 여름은 싫어요. 땀 나
	고……. 모기, 파리 땜에……. 모기, 파리 너무

싫어요.

65. 공주의 집 베란다 (내부/저녁)

종두가 거실 베란다에서 빨래를 널고 있다. 공주는 베란다와 거실 사이의 문턱에 앉아 있다.

공주	음식은요?
종두	(이건 자신 있다.) 짜장면! 짜장면보다 더 맛있는 음식은 세상에 없지. 군대 갔을 때, 진짜 짜장면 먹고 싶더라. 마마는 뭘 좋아해?
공주	난 다 잘 먹어요. 없어서 못 먹지. 콩만 빼고.
종두	콩?
공주	난 콩을 제일 싫어해요.
종두	콩을 왜 싫어해?
공주	콩 먹으면 구역질 나. 콩 진짜 이상해.

자기 말이 우습다는 듯이 소리 내어 웃는다. 거실 쪽에서 문소리가 들린다. 놀라는 두 사람. 앞집 여자의 소리가 들려온다.

앞집여자(O.S.)   공주야!

종두, 당황하다가 베란다 구석으로 숨는다. 공주에게 뭐라고 손짓한다.

66. 공주의 집 거실 (내부/저녁)

앞집 여자가 외출하는 차림으로 현관 문간에 서 있다.

앞집여자   누가 왔어?
공주   (당황해서) 아, 아…… 아니에에요…….
앞집여자   무슨 소리가 들리는 것 같던데?
공주   나…… 나디오…….
앞집여자   라디오? 천날 만날 라디오만 듣고 있냐? 라디오
          지겁지도 않아?

공주, 웃는다.

앞집여자   나 지금 바빠서 너 저녁 못 채려주고 가거든. 낮
          에 준 거 그대로 남았던데 그거 먹고 있어, 응?
공주   개, 갠차나요. 배 안 고파요. (말을 하면서 웃는
          다.)
앞집여자   왜 웃어? 뭐 좋은 일 있어?

공주, 대답 없이 웃기만 한다. 앞집여자, 별일이란 듯이 보다가,

앞집여자   그럼 간다!

문을 열고 나간다. 문이 소리 내며 닫힌다.

67. 공주의 방 (내부/밤)

불이 꺼진 공주의 방. 두 사람이 벽에 나란히 기대어 앉아 있다. 그들의 머리 위에 '오아시스' 벽걸이 카펫이 보인다. 바깥에서 들어오는 가로등 불빛으로 벽걸이 카펫 위를 덮고 있는 나무 그림자가 흔들리고 있다.
두 사람은 함께 노래하고 있다. 공주가 어눌하게 부르는 노래를 종두가 따라 부른다. 공주의 발음은 알아듣기 힘들고 종두는 노래 가사를 잘 모른다.

공주   내가 만일 시인이라면, 그대 위해 노래하겠어.
            엄마 품에 안긴 어린아이처럼…….

힘들게 노래 부르지만, 잘되지 않자 결국 웃으며 포기한다. 사이. 이번에는 종두가 노래를 시작한다. 어린아이 같은 어조로.

종두   어린 송아지가 부뚜막에 올라 울고 있어요. 엄
            마아, 아빠아, 엉덩이가 뜨거워.

공주가 웃는다. 사이. 그녀는 머리 위의 벽을 본다.

공주   무…… 서워요…….
종두   뭐가?
공주   저거…… (손으로 가리킨다.) 그으임자…….

종두, 일어나서 카펫의 그림을 자세히 본다.

종두   오아시스네. (고개를 돌려 창문 쪽을 보며) 뭐가
            무서워, 이게? 그냥 나무 그림잔데.

벽걸이 카펫 앞에 서 있는 그의 얼굴 위로 검은 나무 그림자
가 덮여 일렁인다.

공주   그래도…… 너무 무서워.
종두   걱정 마, 내가 이것들 다 없애줄게.
공주   어떻게요?
종두   어떻게 없애냐고? 마술. 이제부터 내가 마술로
            이것들 다 없앤다. 봐. (눈을 감고 우스꽝스럽게

마술사 흉내를 낸다.) 수리수리 마하수리 수수리 사바하……. 없어진다…….

쳐다보고 있는 공주의 얼굴. 눈을 감는다. 종두의 주문이 계속된다.

종두(O.S.)   없어진다…… 없어진다…… 없어졌다!

눈을 뜨는 공주. 소리 내어 웃는다.

종두   짜잔!

눈을 뜬다. 그러나 그의 얼굴 위에는 여전히 나무 그림자가 가득 일렁이고 있다. 웃는 종두.

68. 공주의 아파트 문 앞 (외부/밤)

문이 열리고 종두가 공주의 집을 나온다. 혹시 이웃 사람의 눈에 띌까 조심스러워한다. 계단을 내려간다. 사이. 급히 다시 올라온다. 발소리를 죽여 급한 김에 옆집 문 앞에 놓인 물건들 뒤로 몸을 숨긴다. 이윽고 계단 아래에서 사람들이 올라온다. 상식과 그의 처다. 공주의 집 벨을 누른다.

상식처   아가씨! 우리 왔어요!

열쇠로 문을 연다. 베란다에서 몸을 숨기고 있는 종두.
문을 열고 들어가는 상식 내외. 종두, 숨어 있던 데서 나와 조
심스럽게 아래로 내려간다.

69. 카센터 안 (내부/밤)

불이 꺼진 어두운 카센터 사무실. 켜져 있는 TV 화면만 밝게
빛나 보인다. 종두가 소파에 누워서 전화를 하고 있다.

종두   목소리? 내 목소리 듣기 좋다고? (의기양양해서)
           그럼. 목소리 좋지. 죽이지. …… 뭐라고? 목소
           리는……. (상대의 말을 잘 알아듣지 못해 반복한
           다.) 내가, 목소리는 좋은데, 얼굴은 깬다고? (킬
           킬거리며 웃는다.) 마마, 공주마마, 무슨 그런 섭
           한 말씀을……. 내 얼굴이 어때서? 응? 그림자?
           나무 그림자가 무서우니까 또 마술 걸어달라
           고? 알았어. 정신 집중하고……. 수리수리 마하

수리 수수리 사바하……. 없어진다……. 없어진다…….

70. 공주의 방 (내부/밤)

역시 불이 꺼져 있는 공주의 방. 공주가 수화기를 들고 종두의 마술 주문을 들으며 오아시스 벽걸이를 보고 있다.
나무 그림자로 덮인 오아시스 벽걸이. 아주 천천히, 그 그림자가 하나씩 지워져간다. 꿈결 같은 판타지가 진행되고 있다.
이윽고 나무 그림자는 거의 없어졌다. 그림자 없는 오아시스가 지극히 평화로워 보인다. 환하게 미소 짓는 공주의 얼굴.

71. 카센터 사무실 (내부/낮)

카센터 사무실. 종두가 책상 앞으로 다가온다. 책상 위 선반에서 뭔가 꺼내는 척하면서 조심스레 뒤를 돌아본다. 카메라, 그의 시선을 따라 약간 팬 하면, 전기난로 옆 의자에 앉아 있는 종일의 처를 볼 수 있다. TV를 보고 있는 것 같지만, 실은 졸고 있다. 종두는 그 자리에서 조심스럽게 뭔가를 들어 올린다. 형수의 핸드백이다. 소리 내지 않으려 애쓰며 핸드백의

지퍼를 연다. 아주 조금씩. TV 소리가 도움을 주고 있다. 이
윽고 지퍼를 다 연 뒤 몇만 원의 돈을 주머니에 집어넣는다.
핸드백을 원위치하고 조심스럽게 자리를 뜬다. 사무실을 나
가는 종두.

72. 카센터 밖 (외부/낮)

사무실에서 나오는 종두. 차를 수리하고 있는 김군에게 다가
간다. 기름때를 묻힌 채 차에 매달려 있는 김군 앞에서 엉덩
이를 실룩이며 춤추는 시늉을 한다.

종두   (노래하듯) 나아는 데이트하러 가는데, 너어는
              놀지도 못하고. 오늘은 토요일인데, 데이트도
              못 하고 집에도 못 가고…….

춤추며 약을 올리지만, 김군은 별 반응 없이 작업을 계속한다.

73. 아파트 계단 (외부/낮)

공주의 아파트 계단. 종두가 공주를 등에 업고 내려오고 있

다. 외출을 하는 것 같다. 이웃 사람들의 눈에 띌까 조심하는 것 같다. 종두는 공주를 등에 업은 데다 손에는 휠체어까지 들고 있어서 몹시 불편하고 힘들어 보인다. 그런데도 무거운 것보다 이웃 사람들의 눈에 띌까 더 조심하고 있다.

공주   무, 무겁죠?
종두   안 무거워.
공주   (웃으며) 나, 어…… 엄청 무, 무거운데…….

이윽고 계단을 다 내려왔다. 공주를 휠체어에 태우고 건물을 나간다. 마치 몰래 도망가는 사람들처럼 휠체어를 밀며 뛰기 시작하는 종두. 공주, 재미있다는 듯이 소리 내어 웃는다.

종두   쉿! 떠들지 마.

하면서도 자기도 재미있다는 듯이 웃는다.

74. 전철역 구내 (외부/낮)

의정부 전철역 승강장. 지상에 있는 역이다. 휠체어에 탄 공주와 종두가 전철을 기다리고 있다. 낮이라 사람들이 그리 많지 않다. 전철이 도착하고 있다. 도착하는 전철을 바라보는 공주의 얼굴. 전동차가 일으키는 바람에 머리칼이 날린다.

75. 전철 안 (내부/낮)

달리는 전철 안. 공주는 자리에 앉아 있고, 종두는 그 앞에 서 있다. 낮이라 군데군데 빈자리가 많아 보이는데도 그는 마치 공주를 보호하기라도 하는 것처럼 손잡이를 잡고 서 있다. 공주는 불안정한 자세로 앉아 고개를 기울인 채 전철에 타고 있는 사람들을 본다. 공주의 눈에 비친 전철 안 사람들. 다양한 종류의 사람들이 다양한 표정을 하고 있다. 구경거리를 보듯 공주를 힐끔힐끔 보고 있는 사람들도 있다.

공주의 맞은편 자리에 젊은 남녀가 붙어 앉아 킬킬거리며 이야기하고 있다. 여자는 손에 빈 플라스틱 생수병을 쥐고 있다. 여자는 약간 흥분한 어조로, 몹시 우스운 이야기하듯, 그러나 자기들끼리만 들을 수 있는 크기로 계속 뭐라고 떠들고 있고, 그동안 남자는 고개를 숙인 채 킬킬대며 계속 웃고 있다. 그는 덩치가 크고 약간 불량기가 있어 보이지만, 의외로 여자에게 고분고분하다. 여자는 이야기를 하며 빈 생수병으로 남자의 머리를 계속 가격한다.

그 모습을 보고 있는 공주의 얼굴. 그녀의 비틀린 눈길에는 별로 잘나지도 못한 그 젊은 남녀의 평범한 애정 표현에 대한 어찌할 수 없는 부러움이 배어 있다. 그녀는 목을 뒤로 꺾고 자신의 앞에 서 있는 종두의 모습을 본다. 종두는 무심히 차창 밖을 보며 서 있는 중이다.

공주의 짧은 판타지. 손잡이를 붙들고 서 있는 종두. 한 여자가 그의 앞자리에서 일어나 그의 곁에 선다. 마비가 사라진 모습의 공주다. 그녀의 손에는 생수병이 들려 있다. 그녀가 그를 힐끗 장난스럽게 쳐다본다. 그러나 그는 여전히 무심히 앞만 보고 있다. 갑자기 그녀가 생수병으로 그의 머리통을 가격한다.

현실의 공주. 자신의 상상에 크크 웃음을 터뜨린다. 한번 우스운 상상을 시작하자 웃음을 멈출 수가 없다. 종두가 이상하다는 듯 내려다본다.

종두　　　왜 그래? 뭐가 우스워?

웃음을 참지 못하는 공주, 고개를 꺾은 채 힘들게 창문 밖을 내다본다. 약간 낮은 카메라 앵글이 전철 창문 바깥으로 흘러가는 도시 외곽의 풍경을 강조한다.

76. 전철 밖 (외부/낮)

달리는 전동차의 창문 밖에서 본 시점. 고개를 꺾고 약간 비
틀린 시선으로 창문을 내다보는 공주의 얼굴 위로 유리창에
반사된 도시의 풍경이 환상처럼 흘러간다.

77. 지하철역 에스컬레이터 (내부/낮)

충무로 지하철역의 긴 에스컬레이터를 올라오고 있는 종두
와 공주. 종두는 공주를 등에 업고 있다.

종두   무슨 음식 먹고 싶어?

공주   음식…… 잘 몰라요.

종두   한식, 중식, 일식…… 이태리식, 피자, 아구찜,
　　　　　장어구이, 낙지전골, 꽃게탕, 불고기, 오므라이
　　　　　스…….

78. 식당 안 (내부/낮)

어느 식당 안. 종두가 문을 밀고 들어선다. 주인의 목소리가

그들을 맞는다.

주인(O.S.)　　어서 오세요!

40대 여주인, 그들을 맞으러 나왔다가, 휠체어에 탄 공주의 모습을 본다.

주인　　　　(상냥하게 웃으며) 장사 안 해요.

그러나 그녀의 뒤쪽으로 손님들이 식사를 하고 있는 모습이 보인다.

종두　　　　왜 장사 안 해요? 저 사람들은 뭐요?
주인　　　　여하튼 안 해요. 딴 데 가세요.

화가 난 종두, 주인을 노려본다.

공주　　　　(종두를 쳐다보며) 그, 그냥 가…… 가요.

종두, 식당 안을 둘러본다. 손님들은 식사를 하면서 모두 TV를 보고 있다. 무슨 스포츠 중계를 하고 있는 모양이다. 종두, TV 쪽으로 걸어가서 화면 앞으로 가까이 다가간다.

종두   NBA네. 마이클 조단!

화면을 가릴 만큼 바짝 붙어서 보다가 채널을 돌리기 시작한다. 이리저리 제 마음대로 돌린다. 사람들이 어이없어한다.

손님1   거 한참 보고 있는데 왜 그래요?
종두   (돌아보며) 뭐? (손님을 쏘아보며 소리친다.) 뭐가?

손님이 찔끔해서 아무 말도 못 한다. 종두, 계속 이리저리 채널을 돌린다. 드라마도 나오고, 광고도 나오고, 바둑 시합도 나온다. 잠깐 채널을 멈추고 보기도 한다. 그러다가 재미없다는 듯이 툭, TV를 꺼버린다. 돌아서서 손님들에게,

종두   식사들 해요!

공주에게로 가 휠체어를 밀며 식당을 나간다. 사람들은 아무 말 없이 보고 있다.

79. 어느 번화가 (외부/낮)

어느 백화점 앞 광장. 공주가 휠체어에 탄 채 앉아 있고 종두

오아시스 각본집

가 뒤에 서 있다. 사람들이 번잡하게 오가는 주변의 풍경과
그들의 모습이 왠지 어울리지 않아 보인다. 그들은 갈 곳을
잃은 사람처럼 멍하니 서 있다.

80. 카센터 안 (내부/낮)

어두운 카센터 안. 셔터가 올라간다. 밖에서 종두가 셔터를
열고 있다. 반쯤 열린 셔터 문 안으로 들어오는 종두와 공주.
공주, 정비센터 안을 둘러본다. 영업을 하지 않는 정비센터는
휑뎅그렁하게 느껴진다.

종두   테레비 볼래? (TV를 켜고 전화기를 든다.) 뭐 시
          킬까?
공주   아무거나……. 짜, 짜장면 먹을래요.
종두   여기 우정 카센탄데요, 짜장면 두 개하고요, 군
          만두 하나하고요, 유산슬 하나랑 고량주 한 병
          빨리 갖다줘요. (다시 전화벨이 울린다.) 여보세
          요. (공주에게) 테레비 봐. 여보세요, 카센탑니다.
          아, 형수님……? (약간 당황하며 자리에서 일어선
          다.) ……예. 아, 형님이요? 아, 형님 없는데요.

한쪽으로 걸어가며 통화를 계속하는 종두. 휠체어에 고개를 꼬고 앉은 채 공주는 종두가 전화를 끊기를 기다리지만, 통화는 오래 계속된다.

종두   오늘 노는 날이잖아요? 형님 어데 좋은 데 갔나 보죠. 좋은 데……. (실없이 웃는다.) 형수님 조심하셔야 되겠어요. 형님 요새 수상해요. 흐흐흐…….

공주가 지겨워하고 있는 줄도 모르고 썰렁한 농담을 하며 쓸데없이 전화는 오래 계속된다. 자신이 심심해하는 걸 그가 빨리 알아줬으면 좋겠다.
그녀는 차츰 판타지에 빠져든다.

종두   예? ……아, 그거요? 아, 그게요……. 내가 형수님한테 말할라고 했걸랑요?

공주가 탄 휠체어가 전화를 걸고 있는 종두에게 굴러간다. 공주, 종두에게 휠체어를 툭 부딪친다. 종두는 신경 쓰지 않고 계속 통화하고 있다. 공주, 다시 휠체어를 굴려 종두에게 부딪친다.

오아시스 각본집

종두 아퍼! (그녀를 피해 무선 전화기를 든 채 한쪽으로 걸어간다.) 예, 형수님 깰까 봐……. 내가…… 알죠, 당연히…….

공주, 휠체어에서 일어나 종두에게 다가간다. 마비가 사라진 모습을 한 여자는 지금 몹시 심심해서 남자에게 자기가 심심해한다는 걸 알리고 싶은 모양이다. 그녀는 남자에게 장난스럽게 다가가 전화하고 있는 그의 말을 따라 한다.

종두 예? 그건 아닌데……. (낄낄거리며) 그런 소리 하면 안 되죠.
공주 그런 소리 하면 안 되죠.
종두 듣는 사람 섭하죠.
공주 듣는 사람 섭하죠.

남자가 약간 귀찮다는 듯이 그녀를 피해 한쪽으로 걸어간다. 그러나 그녀는 우스꽝스런 스텝으로 그를 계속 따라간다. 그런데도 무신경한 남자는 여전히 전화만 하고 있다.
그녀가 남자의 옆에서 혼자 춤추기 시작한다. 그래도 그는 신경 쓰지 않는다. 그러자 그녀는 남자의 몸에 부딪치며 장난을 건다. 여자의 장난으로 남자가 들고 있던 전화기가 바닥에 떨어지고, 그는 그녀에게 버럭 화를 낸다.

종두	아이 씨발, 전화 끊어졌잖어!
공주	(장난기 어린 표정이 사라지고) 그런다고 왜 화를 내……?
종두	(머쓱해하며) 내가 뭘……?
공주	화냈잖아. 어떻게 나한테 화를 낼 수가 있어?
종두	갑자기 왜 그러는데?
공주	사람이 왜 그래? (여전히 건들대고 있는 종두를 때리며) 야!

공주가 진짜 화를 내자 잠시 어쩔 줄 몰라 하던 종두, 공주의 화를 달래려는 듯 킬킬대고 웃는다. 결국 공주도 어이없다는 듯 함께 웃는다. 그때 중국집 오토바이 도착하는 소리 들린다. 종두가 셔터문 쪽을 돌아본다.

| 종두 | 어? 짜장면 왔다! |

81. 카센터 안 (내부/낮)

시간 경과 후의 같은 장소.
종두와 공주, 마주 앉아서 짜장면을 먹고 있다. TV가 켜져 있고, 종두의 시선은 가끔 TV로 간다. 초라하지만 그들에게는

오아시스 각본집

그런대로 행복한 외식이다. 힘들게 짜장면을 먹느라 공주의 입가에 검게 자장이 묻어 있다.

종두   어젯밤 꿈 이야기 해주까? 꿈에…… 내가 공주
            방에 있는데…… 춤을 추고 있었걸랑? 마마하
            고……. 야, 진짜 괜찮았어. 근데 우리하고 같
            이 어떤 인도 여자도 춤추고 꼬마도 같이 춤추
            고, 코끼리도 춤추더라고. (약간 열적은 듯이 킬
            킬대며 웃는다.) 그 오아시스 그림에 있는 게 나
            온 거지. 졸라 웃기지? 진짜 너무 생생해. 꿈인
            데…….

듣고 있는 공주의 얼굴. 마치 그 꿈을 상상하는 듯한 표정이다.

82. 카센터 앞 (외부/낮)

공장 앞에는 차 두어 대가 세워져 있다. 수리를 위해 맡겨진 차들이다. 종두가 자동차 키 몇 개를 손에 들고 차 문을 열어 보려 하고 있다. 공주는 휠체어에 앉은 채 셔터 문 앞에 앉아 그 모습을 지켜보고 있다. 마침내 어느 차에 맞는 키를 발견한 모양인지 차 한 대의 문이 열린다. 종두, 차에 올라타서 시

동을 건 뒤, 공주의 휠체어를 밀고 와서 차에 태운다.

83. 청계 고가도로 (외부/저녁)

해질녘의 청계 고가도로 위. 차에 타고 있는 종두와 공주. 라디오에서는 '배철수의 음악캠프'가 흘러나오고 있다. 차들이 정체되어 꼼짝도 하지 않는다. 아마도 어디선가 사고가 난 모양이다. 종두가 차에서 내린다.
끝없이 길게 꼬리를 물고 있는 자동차 후미의 붉은 미등, 그리고 고가도로 위로 머리를 내민 건물들을 바라보는 종두. 그의 속에서 뭔가 근질근질한 것이, 남들에게 자랑하고 싶은 어떤 알 수 없는 감정이 꿈틀거린다. 그가 소리친다.

종두   아이, 씨바 좋다!

차 문을 열고 공주를 끌어내리려 하자, 공주가 놀란다.

종두   마마, 내리시옵소서. 내려보시옵소서. 괜찮사옵니다.

종두는 공주를 안아들려 하고, 당황한 그녀의 손이 힘들게 차

문을 꼭 붙들고 있다. 그러나 종두의 힘을 당할 수 없다. 그는 공주를 안고 차 앞으로 걸어 나온다.

종두   신나지? 응, 신나지?

황혼에 물든 고층 건물들, 앞쪽으로 끝없이 늘어선 차량 불빛의 붉은 띠가 그녀의 눈에 들어온다. 겨울 공기는 차갑고 신선하게 느껴진다.

종두   마마, 여기가 청계 고가도로 위랍니다. 우리가 언제 이 위에 서 있어보겠사옵니까? 안 그렇습니까? (공주를 안은 채 한 바퀴 돈다. 그리고 다시 냅다 소리친다.) 와아아아아아!

공주가 소리 내어 웃는다.

종두   마마도 소리 질러! 소리 질러봐.

종두가 계속 재촉한다. 공주의 입이 움직인다. 정말 소리라도 지르려는 듯이. 그녀의 속에서도 뭔가 알 수 없는 감정이 밖으로 튀어나오려는 것 같다. 그러나 결국 공주의 입에서는 아무 소리도 나오지 못한다.

갑자기 종두가 몸을 굽혀 차 안의 라디오 볼륨을 최대로 올린다. 음악 소리가 고가도로 위에 밀려 있는 차들과 그 너머 황혼에 물든 건물들 사이로 울려 퍼진다.

종두는 공주를 안은 채 춤을 추기 시작한다. 천천히 음악 소리에 맞춰 밀려 있는 차들 사이를 돌며 춤을 춘다. 차 안의 사람들이 그들의 이 기묘한 춤을 보고 있다. 누군가는 장난스럽게 경적을 울리기도 한다. 그러나 그는 아랑곳하지 않고 춤을 계속한다.

여전히 비틀린 얼굴로, 그러나 공주는 분명히 음악을 느끼며 함께 춤추고 있다. 비록 스스로 움직일 수는 없으나 마음속의 내적 움직임에 따라 춤추고 있는 것이다.

84. 공주의 아파트 (내부/밤)

춤추고 있는 공주의 얼굴. 카메라가 상승하여 종두의 얼굴을 보여준다. 그는 공주를 안은 채 빙글빙글 돈다. 우리는 그들이 공주의 아파트로 돌아와서도 계속 춤추고 있음을 알 수 있다.

종두가 공주를 안은 채 장난스럽게, 멋을 부리며 한 바퀴 돈다. 그녀의 시점으로 아파트의 구질구질한 내부가 빙글빙글 돌아간다. 그녀가 신이 나서 컥컥 거위처럼 소리 내어 웃는다.

종두의 팔에 안겨 춤추고 있는 공주의 시선은 허공 어딘가에 붙들려 있다. 무언가 판타지를 보고 있는 듯. 어디선가 아련하게 새로운 음악 소리가 들려온다. 낯설고 흥겨운, 환상적인 인도 음악이다.

문득 꽃잎 하나가 날아와 그녀의 얼굴에 붙는다. 다시 한두 개의 꽃잎이 더 날아온다. 날리는 꽃잎과 함께 아기 코끼리 한 마리가 방에서 튀어나온다. 뒤이어 몸이 새까만 인도 아이가 꽃바구니를 들고 꽃잎을 뿌리며 나오고 있다. 그리고 사리를 덮어쓴 인도 여인이 음악에 맞춰 몸을 흔들며 나타난다. 마치 종두의 지난 밤 꿈처럼 오아시스 그림 속의 인물들이 현실 속으로 빠져나온 것이다. 음악은 점점 흥겨워지고 그들은 종두와 공주의 주변을 돌며 춤을 춘다. 배꼽을 드러내고 허리를 흔들어대는 인도 여인의 춤. 공주가 소리 내어 웃는다. 종두도 더욱 신나서 춤을 춘다. 아기 코끼리 역시 코를 쳐들며 춤을 추는 것 같다.

어느 순간인가, 마치 마술에서 풀려나듯 공주의 몸이 마비에서 풀려난다. 이제 그녀는 종두의 팔에서 놓여나 함께 춤을 추고 있다. 너무나 신나고 흥겨운 춤.

아기 코끼리가 집 안을 들쑤셔놓는다. 물건들을 함부로 자빠뜨리고 코로 냉장고 문을 열어 안에 들어 있는 음식들을 쏟아지게 한다. 공주가 코끼리를 잡으러 뒤를 쫓는다. 그러나 녀석은 장난치듯 도망친다. 좁고 누추한 아파트 안에서 벌어지는 유쾌한 소동이 계속된다.

종두와 공주가 키스한다. 그들이 마주 서서 입 맞추고 있는 동안 음악이 서서히 사라지면서 인도 여인과 아이도 오아시스 속으로 되돌아간다. 마지막으로 아기 코끼리가 엉덩이를 실룩이며 물러난다. 판타지가 끝난다.

85. 차 안 (내부/밤)

지저분한 골목을 지나 카센터 앞으로 다가가는 차 안의 시점. 종두가 차를 몰고 돌아가는 중이다. 전조등 불빛에 카센터 앞에서 기다리고 있는 종일의 모습이 보인다. 그의 곁에는 차 주인이 함께 서 있다. 종일은 한눈에도 몹시 화가 나 있는 것 같다.

86. 카센터 앞 (외부/밤)

카센터 앞에 차를 세우는 종두. 종일이 문을 연다.

종일   야! 나와! 빨리 나와, 인마!

차에서 내리는 종두.

종일	너 말도 없이 손님 차를 몰고 나가면 어떡해?
	(차 주인에게) 정말 죄송합니다. 차는 이상 없이
	다 고쳐났습니다.
차주인	이래도 되는 거예요?
종두	차 이상 없습니다. 시험운전 해보고 오는 길인
	데 잘 나가네요.
차주인	(어이가 없어) 내가 몇 시간 기다린 줄 알아요?
	(종일에게) 무슨 장사를 이렇게 해요?
종일	죄송합니다.

차에 올라타는 손님에게 계속 굽실거린다. 차 주인, 차 몰고
출발한다.

종일	안녕히 가세요! 죄송합니다!

돌아서서 종두를 노려본다.

종두	(농담하듯 웃으며) 누가 노는 날 차 찾으러 올 줄
	알았나?
종일	들어와.

먼저 카센터 안으로 들어간다.

87. 카센터 안 (내부/밤)

작업장 안에서 종일이 종두를 세워놓고 야단을 치고 있다. 그의 손에는 몽둥이로 쓸 만한 연장 하나가 쥐어져 있다.

종일   너 면허 있어?

종두   …….

종일   말해봐. 운전면허 있어 없어?

종두   지난번 사고로 취소됐잖아요.

종일   면허도 없는 놈이 운전을 해? 남의 차를 니 맘
         대로 왜 운전을 해? 내가 이야기했지? 이제 철
         좀 들라고. 니가 하는 행동에 책임을 져야 한다
         고 몇 번 이야기했어? 응? 왜 넌 니 행동에 책임
         을 못 져? (그는 점점 성질을 참지 못해 소리 지른
         다.) 왜? 왜?

종두   …….

종일   엎드려. (몽둥이로 앞을 가리킨다.) 엎드려.

종두, 형 앞에 엎드려뻗쳐 자세로 엎드린다.

종일   세어.

종일, 빠따를 치기 시작한다. 종두는 한 대씩 맞을 때마다 숫자를 센다.

종두   하나……! 둘……! 셋……!

종일은 있는 힘을 다해 빠따질을 하고 있다. 고통을 참으며 계속 숫자를 세는 종두. 그러나 맞는 동생보다 때리는 형이 더 얼굴이 벌겋게 달아올라 힘들어 보인다.

88. 카센터 사무실 (내부/밤)

불 꺼진 사무실. 바깥에서 들어온 빛이 사무실 안을 희미하게 밝히고 있다. 소파에 불편한 자세로 웅크리고 누워 있는 종두. 담요 한 장이 몸에 감겨 있다. 그는 누운 채 통화를 하고 있다.

종두   (재미있는 이야기를 하고 있던 중인지 한참 킬킬거리며 웃고 있다.) 정말이야. 응? 뭐라고? (다시 웃는다. 사이.) 내일 뭐 해? 마마, 내일은 뭐 하냐고? 불쌍하다, 불쌍해. 왜 사니, 왜 살아. (웃음. 사이.) 내일 나하고 어디 가. 좋은 데……. 내일

은 진짜 좋은 데 데려갈게. 내일은 짜장면 안 먹
여, 정말이야.

89. 공주의 아파트 욕실 (내부/낮)

공주의 집 좁은 욕실. 종두가 공주의 머리를 감겨주고 있다.
공주는 불편한 자세로 고개를 숙이고 있고, 종두가 샤워기로
그녀의 머리에 물을 뿌린다. 종두의 손길이 제법 정성스럽다.
공주는 큭큭큭 소리 내어 웃고 있다.

90. 공주의 아파트 거실 (내부/낮)

거실에 앉아 있는 두 사람. 종두가 드라이기로 공주의 머리를
말리고 있다.

공주　　왜…… 대답을 안 해요?
종두　　가보면 알아. 하여튼, 좋은 데 가니까 예쁘게 하
　　　　고 가야 돼.
공주　　지금도 예뻐요. (웃는다.)

91. 식당 안 (내부/저녁)

어느 연회 전문 식당. 별나게 호화로운 곳은 아니지만, 그런 대로 깔끔하게 꾸며진 곳이다. 종두가 공주를 태운 휠체어를 밀며 들어서고 있다. 공주의 모습은 이 우아하고 깔끔한 식당 분위기와 어울리지 않는다. 식당 가운데 넓은 홀이 있다. 종업원이 다가오고, 종두가 뭐라고 이야기하면 종업원이 룸으로 안내한다.

휠체어를 밀며 칸막이된 가까운 룸으로 들어가는 종두. 룸 안에는 긴 테이블에 종두의 가족과 가까운 친척들 열두어 명이 모여 앉아 식사를 하고 있다. 오늘은 종두 어머니의 생일이라 종일의 처는 한복을 곱게 차려 입고 있다. 오랜만에 만난 친척들이 화기애애하게 식사를 하고 있다가 휠체어를 밀며 들어서는 종두를 본다.

종두   아이고, 내가 제일 늦었나 보네.

난데없이 뇌성마비 여자를 휠체어에 태우고 등장한 종두를 본 식구들은 모두 놀라다 못해 어이가 없는 표정이다. 외삼촌만 겨우 한마디 한다.

외삼촌   종두, 오랜만이다. 니가 제일 지각이야.

분위기는 몹시 어색해질 수밖에 없다. 그런데도 종두 본인은 아무렇지도 않은 천연덕스런 표정으로 테이블 한쪽 자리에 공주를 앉힌다.

종두   엄마! 축하해!
엄마   난 니 엄마 아니다.

식구들은 공주를 힐끔힐끔 본다. 누구보다도 당황한 사람은 공주다. 그녀는 이런 자리일 거라는 것을 전혀 알지 못했던 것이 분명하다. 그녀는 이곳에서 자신이 당연히 환영받지 못하리라는 걸, 그리고 자신이 가족들의 분위기를 망쳐버리고 말았다는 것을 너무나 잘 알고 있다. 그렇게 생각할수록 그녀의 몸은 경직되고 시선과 안면 근육은 안쓰러울 정도로 비틀린다.

종일   (화가 나서 굳은 얼굴로) 누구야? 같이 온 사람.
종두   어…… (주위를 둘러보며 약간 장난기를 섞어) 소개하겠슴다. 이름은 한공주, 내 친굽니다.
종일   어떤 친구야?

종두, 형의 서슬에 약간 당황해서 쳐다본다. 그러나 여전히 미소 짓고 있다.

오아시스 각본집

종일	어떤 친군데 여기 데려왔냐고?
종두	그냥 친구요. 엄마 생일이니까 같이 오면 좋을 것 같아서…….
종일처	(분위기를 수습하려 한다.) 예, 잘 오셨어요. 이왕 오셨으니까 즐겁게 식사하고 가세요.
종일	우리 가족끼리만 있는 자린데 니 맘대로 말도 없이 아무나 데리고 오냐?
종두	뭐 어때요? 좋잖아요……. 사실은 모르는 사람도 아니에요.
엄마	누군데?
종두	왜 그 교통사고로 죽은 의정부 환경미화원 있잖아요?
외삼촌	교통사고?
종두	외삼촌, 내가 이번에 교도소 들어간 게 교통사고 때문이었걸랑요.
종일	그런데?
종두	그 사람 딸이라고.

모두들 할 말이 없다. 종일이 자리에서 일어난다.

종일	너 나와봐.
종두	왜요?

종일	나하고 얘기 좀 해.
종두	나중에 밥 먹고 얘기해요.
종일	빨리 나와, 인마!

종두, 하는 수 없이 자리에서 일어나 종일을 따라 룸 밖으로 나간다. 종세도 따라 나간다. 이 모든 소동을 공주는 어쩔 수 없이 지켜보고 있다.

92. 식당 홀의 창가 (내부/저녁)

식당 안 홀의 한쪽 창가로 종두를 데려가는 종일. 종세가 따라 들어간다. 창문으로 보이는 바깥의 야경이 제법 그럴싸하다.

종일	내가 너 때문에 돌겠다, 돌겠어. 어떻게 만났어, 쟤?
종두	내가 찾아갔죠, 그 집에.
종일	(할 말을 잃은 표정이다. 하지만 침착하려고 애쓴다.) 그 집에 뭐 하러 갔어?
종두	그냥, 갔어요. 미안해서.
종일	왜 미안해? 응? 미안하면 내가 미안하지, 니가 왜 미안해?

종세	(종일을 말리며) 제가 얘기할게요. (종두에게) 형. 종두 형. 내 얼굴 똑바로 봐봐.
종일	너 나한테 감정 있는 거지? 응? 그렇지? 너 날 원망하는 거지?
종두	내가 형을 왜 원망해요?
종일	(점점 감정을 억제하지 못한다.) 안 그러면 왜 그 집에 찾아가서 저런 애를 여기 데리고 와? 응?
종세	(종일을 한쪽으로 밀며) 제가 얘기할 테니까……. (계속 건들거리는 종두를 붙들고) 종두 형. 내 말 똑바로 들어. 형이 교도소 들어간다고 했을 때 여기서 그거 강요한 사람 아무도 없어. 그지? 형이 원해서 간 거야. 큰형 사고 내고 왔을 때, 형이 형 입으로 그랬잖아. 큰형은 어차피 회사도 다녀야 되지, 할 일도 많지, 그러니까 자기가 들어가겠다고. 자기는 뭐 어차피 전과도 있고, 할 일도 뭐 특별하게 없고, 교도소 가는 길도 잘 알고……. 형, 그랬어? 안 그랬어?
종두	(웃으며) 새끼, 기억력 되게 좋다.
종세	그런데 형, 이제 와서 이러면 안 되지.
종두	내가 뭘?
종세	형 솔직히 말해봐. 형 지금 무슨 생각 하고 있어?

종두	뭘, 인마?
종일	쟤 여기 왜 데려왔냐고? 인마!
종세	쟤 지금 빨리 집에 데려다 주고 와.
종두	왜?
종세	아, 지금 몰라서 물어? 아무리 그래도 형이 지금 이러면 안 돼!
종두	나 지금 밥도 안 먹었어. 배고파.
종세	지금 밥이 문제야?
종두	공주도 안 먹었어. 밥은 먹여서 보내야지, 손님인데…….
종세	아, 씨바! 그러니까 이런 짓을 왜 해? 생각 좀 하고 살어.
종두	난 니가 무슨 소리 하는지 모르겠다. (자리를 벗어나려 한다.)
종세	형, 어디 가? 얘기 아직 안 끝났어!
종일	야!

그대로 도망치듯 식당 안으로 들어가는 종두.

오아시스 각본집

93. 식당 안 룸 (내부/저녁)

식구들, 어색하지만 그런대로 식사를 하고 있다. 공주는 앞에 놓인 음식을 억지로라도 먹으려 하지만, 긴장한 탓에 잘되지 않는다. 식구들은 그런 그녀가 신경이 쓰이는 눈치다. 종두만 혼자 떠들고 있다.

종두   옛날에 우리 집 뒷산에 방울새가 많이 살았잖아. 나는 참새로 알았는데 아부지가 방울새래. 그런데 아부지 말이 방울새가 왜 방울새냐 하면, 목에 방울이 달렸대요. 그래서 나는 노상 나무 밑에 서서 방울새 목에 방울이 있는가 찾아 봤다니까.

이야기하면서 그는 계속 킬킬 웃는다. 그 이야기 속에는 떠올리기만 해도 그의 웃음을 자극하는 무언가가 있는 것 같다.

종두   나는 진짜로 방울새 목에 방울이 달린 줄 알았어.
종일   너 지금 그 이야길 왜 해? (종두가 형을 쳐다본다.) 말해봐. 그 이야길 왜 하냐고?
종두   그냥……. (형의 서슬에 놀랐으나 주위를 돌아보고 웃으며) 그냥 갑자기 생각이 나네.

종일	그 이야기가 갑자기 왜 생각이 나냐고?
종두	(계속 웃는다.) 그냥, 생각이 나니까 나는 거죠.
종일	나는 니 머릿속이 진짜 궁금해. 말해봐, 그놈의 참새 이야기가 왜 갑자기 생각났어?
종세	참새가 아니라 방울새라잖아요.

종세의 그 말이 종두를 다시 웃게 한다. 참으려고 하지만 참을 수가 없다. 그래서 웃는지 우는지 모를 기묘한 소리를 내고 있다. 그런 종두를 보고 있는 공주.

94. 식당 앞 홀 (내부/저녁)

식당 앞에 있는 넓은 홀. 기념 촬영을 하기 위해 카메라가 트라이포드로 세워져 있다. 종두가 슬그머니 다가와 카메라를 기웃거리더니 뷰파인더를 들여다본다.
뷰파인더의 시점. 거꾸로 보이는 종두 가족들의 모습. 촬영을 하기 위해 이쪽을 향해 자리를 잡고 있는 중이다.

종두	(뷰파인더에 눈을 대고 사진사처럼) 네에, 빨리 서세요. 이쪽 보시고. 네에, 어머님 가운데로 오셔야죠.

그의 옆으로 사진사가 다가온다. 약간 불쾌한 표정이다. 종두, 장난치다 들킨 아이처럼 그 자리를 떠난다.

카메라를 향해 정렬해 선 가족들. 종두가 공주의 휠체어를 밀고 온다. 사진을 같이 찍으려고 사람들 사이에 자리를 만든다. 가족들은 난감한 표정이다.

종일   야! 우리 식구들끼리 찍는 거야.

종두   같이 찍어요, 기념인데. (아랑곳하지 않고 공주를
           끼워 넣는다. 그녀의 옷매무새까지 고쳐주며) 이쁘
           게 하고 찍어야지.

종일   (화가 폭발한다.) 빼, 인마!

종일, 공주에게로 가서 직접 휠체어를 잡고 사납게 밀고 간다. 멀찌감치 휠체어를 한쪽으로 밀어놓고 온다. 종두, 그런 형을 보다가 공주에게로 걸어가며,

종두   그럼 나도 안 찍을래.

엄마   종두야!

말없이 공주를 밀고 나가버리는 종두. 가족들, 어이가 없다는 듯이 보고 있다. 종세가 형을 잡으러 나가려 하자,

종일	놔둬!
사진사	어떻게 하실 거예요? 찍어요, 말아요?
종일	그냥 찍어요!

가족들 모두 카메라를 본다. 엄마는 종두가 못내 마음에 걸리는지 그쪽을 보다가 사진사의 신호에 고개를 돌린다. 사진사에 주문에 따라 모두들 미소를 짓는다.

95. 거리 (외부/밤)

식당이 있는 건물 앞. 종두가 공주의 휠체어를 밀고 나온다. 두 사람 건물 앞 주차장을 가로질러 나온다.

종두	어이, 씨발 춥네. (공주에게) 춥지? 응?

그러나 공주는 아무 반응이 없다. 그녀는 몹시 화가 나 있다. 주차장을 빠져나오자 종두는 걸음을 멈추고 밤거리를 둘러본다.

종두	어디로 갈까? (아무래도 그는 공주의 기분을 풀어주고 싶은 모양이다.) 야, 우리 노래방 갈까? 응?

(노래 부르듯 몸을 건들대며) 노래방.

그가 공주의 팔을 잡으려 하자, 그녀가 거칠게 뿌리친다. 그녀는 무섭게 화를 내고 있다.

종두   마마, 공주마마, 고정하시옵소서.

그러나 공주의 상체가 버르적대면서 입이 뒤틀리기 시작한다.

종두   왜 그래?

그는 공주가 그토록 무섭게 화를 내는 모습을 처음 본다. 그녀를 진정시키려고 붙들수록 그녀는 흥분하고 있다.

종두   미안해, 내가 잘못했다고. 마마, 소인이 잘못했
               사옵니다. 공주마마. 그러니까 집에 가.

그러나 공주는 여전히 막무가내다. 종두, 마침내 버럭 화를 낸다.

종두   왜? 어쩌라고? 집에 가기 싫어? (화를 참지 못해
               소리를 버럭 지른다.) 아이, 씨발! 밤새도록 여기

이러고 있을래?

공주는 여전히 화석처럼 그 자리에서 꼼짝도 않고 있다.

종두   마음대로 해. 나 갈 테니까.

종두, 화가 난 듯이 정말로 그녀를 놔둔 채 걸어가 버린다. 그런데도 공주는 그 자리에서 여전히 움직이지 않고 있다. 종두, 걸음을 멈추고 뒤돌아보다가 다시 걸어가 버린다.

롱 샷. 화면은 밤거리에 혼자 있는 공주를 약간 부감으로 보여준다. 그녀 뒤쪽으로 건물의 주차장에 줄지어 있는 차들이 보이고, 그녀의 옆으로도 차들이 주차되어 있다. 그녀 좌우에 있는 차들의 유리창에 울긋불긋한 네온사인 불빛들이 반사되어 화려하게 명멸하고 있다. 몸을 비튼 채 휠체어에 앉아 있는 그녀의 모습과 주변의 풍경은 묘한 부조화를 이루고 있다. 지나가는 사람들이 그녀를 힐끔힐끔 쳐다본다.

사이. 화면 한쪽에서 종두가 다시 프레임인 한다. 공주 앞으로 다가간 그는 갑자기 춤을 추기 시작한다. 엉덩이를 실룩거리는 요상스런 춤이다. 한참 동안 춤이 계속되고, 이윽고 그녀의 화도 조금 풀어진 것 같다.

96. 노래방 룸 (내부/밤)

노래방 룸 내부. 좁은 룸 한쪽 벽 가득히 멀티 비디오 화면이
설치되어 있다. 종두가 노래를 하고 있다. 그렇게 잘 부르는
노래가 아니다. 유일한 청중은 휠체어에 앉아 있는 공주지만,
종두는 마치 무대 위에 선 가수처럼 자기 기분에 취해 악을
쓰듯 열창한다. 그러면서도 잔뜩 멋을 부린 제스처를 곁들이
고 있다. 종두의 노래가 끝난다.

종두   이제 마마 차례야.

공주를 위해 신청곡을 누른다. 언젠가 그녀가 불렀던 노래다.
수영복을 입은 외국 여자들을 찍은 유치한 배경화면 위에 제
목 '내가 만일', 작곡 안치환, 노래 안치환 등이 자막으로 소
개되고, 반주가 흐르기 시작한다. 종두가 그녀의 입 앞에 마
이크를 대준다.

종두   노래해, 해봐.

그러나 그녀는 아무 소리도 내지 못한다. 그녀의 비틀린 시선
은 모니터 화면으로 속절없이 흘러가는 노래 가사를 보고 있
을 뿐이다. 노래 가사와는 전혀 상관없는 무심한 금발의 여자

들이 눈부신 태양 아래 빛나는 반라의 육신을 뽐내며 웃고 있을 뿐이다.

97. 지하철역 구내 (내부/밤)

밤늦은 시간의 지하철역 구내.
종두가 공주를 등에 업고 정신없이 뛰어오고 있다. 휠체어는 손에 들고 있다. 경고음과 함께 마지막 전철이 도착하고 있다는 안내 방송이 들려오고 있다.
종두, 계단을 뛰어 내려가기 시작하고, 카메라가 그들을 따라간다. 공주를 등에 업고 더구나 한 손에 무거운 휠체어를 들고 뛰기가 쉽지 않다. 휠체어가 계단 아래로 굴러 떨어진다. 허겁지겁 계단을 내려오자 전철은 이미 요란한 굉음과 함께 그들의 눈앞에서 출발하고 만다.
전철이 떠나버린 텅 빈 플랫폼에 두 사람만이 남아 있다. 종두는 공주를 업고 달려오느라 지쳤는지 선로 가까이 쭈그리고 앉아 있고, 휠체어에 탄 공주는 그보다 뒤쪽에 있다. 그녀는 허탈해 보이는 종두의 뒷모습을 보고 있다. 왠지 그의 외로움과 슬픔을 알 수 있을 것 같고, 남들이 결코 이해하지 못할 그 슬픔과 외로움이 그녀의 가슴으로 전해져 오는 것 같다. 그녀는 그의 그 슬픔과 외로움을 달래주고 싶다.

98. 지하철역 승강장 (내부/밤, 판타지)

M.S. 카메라는 두 사람의 뒷모습을 잡고 있다. 공주의 뒷모습
이 화면 가까이 있고, 쭈그리고 앉은 종두의 뒷모습이 좀 더
멀리 있다. 노래가 시작된다. 휠체어에 앉은 채 공주가 노래
하기 시작하는 것이다. 아까 노래방에서 하지 못했던 노래다.

공주   내가 만일 하늘이라면
             그대 얼굴에 물들고 싶어.

휠체어에서 일어나 천천히 종두에게 다가간다.

             붉게 물든 저녁 저 노을처럼
             나 그대 뺨에 물들고 싶어.

노래방처럼 반주도 없지만, 소박한, 그러나 마음을 다한 목소
리로 노래 부르며 종두의 어깨에 손을 얹는다. 종두가 그녀를
돌아본다.

             내가 만일 시인이라면
             그대 위해 노래하겠어.

종두가 일어선다. 그녀는 종두의 손을 잡는다. 그가 그녀에게 다가간다. 그러나 그녀는 장난하듯 뒷걸음친다.

세상에 그 무엇이라도
그대 위해 되고 싶어.
오늘처럼 우리 함께 있음이
내겐 얼마나 큰 기쁨인지
사랑하는 나의 사람아 너는 아니
오, 이런 나의 마음을

텅 빈 지하철역 구내에서 그들의 외롭고도 슬픈 판타지를 방해하는 것은 아무것도 없다.

99. 버스 안 (내부/밤)

어두운 시내버스 안. 정면 F.S.
다른 승객들은 거의 보이지 않는, 어둡고 한산한 버스 뒷자리에 앉아 있는 종두와 공주. 전철을 놓친 두 사람이 결국 버스를 타고 돌아가는 길이다. 종두의 팔이 약간 불균형하게 앉아 있는 공주의 어깨를 감싸고 있다.
카메라가 두 사람을 좀 더 가깝게 잡으면, 공주는 불안하게

오아시스 각본집

고개를 뒤틀고 있지만 그 시선은 종두에게 매달려 있다는 것을 알 수 있다. 반쯤 입을 벌린 채 고개를 외로 꼬고 그녀는 계속 종두를 보고 있다.

말없이 앞을 보며 앉아 있던 종두가 문득 그녀를 돌아본다. 두 사람, 잠시 서로를 보고 있다. 사이. 종두가 고개를 기울여 그녀에게 입 맞춘다. 입맞춤은 오래 계속된다. 차가 신호에 걸려서 선 모양이다. 뒤에서 다른 버스가 다가온다. 거의 붙을 듯이 바싹 다가와 선다. 그 버스는 사람들이 꽤 많이 타고 있고 내리려는 사람들이 문간에 서 있기도 하는데, 불이 환하게 켜져 있어서 그들의 표정까지도 잘 볼 수 있다. 뒤 버스의 사람들이 두 사람의 입맞춤을 한참 동안 보고 있다.

100. 공주의 방 (내부/밤)

불 꺼진 방. 문이 열리고, 종두가 공주를 업고 들어온다. 침대 위에 공주를 눕힌다.

종두　　　(공주의 곁에 앉은 채 잠시 말없이 공주를 보다가) 너무 늦어서 가야겠다. 버스 끊어지기 전에……

그러나 그 자리에 그대로 앉아 있다. 벽에 걸린 오아시스 그림을 바라본다. 오늘따라 나무 그림자가 더욱 심하게 흔들리는 것 같다.

종두　　　　마술이나 부려줄까?

그러나 공주는 말없이 종두를 보고만 있다. 사이.

종두　　　　갈게.

자리에서 일어나는 종두의 옷을 공주가 힘겹게 꽉 붙든다.

종두　　　　왜?

그녀가 뭐라고 입을 열고 종두가 반문한다.

종두　　　　가지 말라고?
공주　　　　가, 가, 가…… 치……, 자…… 요…….
종두　　　　같이 자자고? 무슨 소리야, 왜 그래?

공주는 몸을 뒤튼 채 매달리듯 종두를 쳐다보며 한 마디씩 뱉어낸다.

공주	여…… 자…… 가…….
종두	(그녀의 말을 한 음절씩 반복하며 확인한다.) 여자 가,
공주	가…… 치…….
종두	같이,
공주	자, 자, 고…… 하…… 하는 게…….
종두	자자고…… 하는 게,
공주	무슨, 소린지…… 몰라요?
종두	무슨 소린지 몰라요?
공주	(힘들여서, 그러나 놀랍도록 분명하게) 이, 이만하 면…… 이, 이쁘다고 했잖아요.

잠시 공주를 바라보던 종두, 마침내 옷을 벗기 시작한다. 윗도리를 벗고 바지를 벗는다. 안에는 때 낀 겨울 내복을 입었다. 내복을 벗으려다가 머리가 걸린다. 앞이 안 보인 채 머리를 빼내려 하는 동안 공주는 그의 벗은 몸을 보고 있다. 그의 몸은 볼품없이 앙상하다.

옷을 다 벗은 종두, 공주의 곁에 몸을 눕힌다.

꽉 찬 두 사람의 B.S. 카메라 앞쪽에 공주가 있고, 그녀의 등 뒤에 종두가 붙어서 그녀를 조심스럽게 애무하고 있다. 그가 공주를 만지는 동안 우리는 그녀의 일그러진 표정을 볼 수 있다. 숨소리는 위태롭도록 거칠고, 두 손은 고통스럽게 꽉 움켜져 있다.

종두, 공주의 옷을 벗기고 있다. 그 자세는 몹시 불편하다. 그녀는 그에게 순순히 몸을 맡기고 있지만, 종두는 몹시 서툴게 조심해서 옷을 벗기고 있다. 그녀의 두 눈에서 눈물이 흐른다. 눈물을 흘리면서 그녀의 시선은 내내 허공 어느 한곳에 매달려 있는 듯하다. 그 시선이 박혀 있는 곳은 벽에 붙은 카펫이다.

인서트. 오아시스 풍경 위로 검은 나무 그림자들이 음산하게 흔들리고 있다. 그 불길한 그림자에 갇혀서 인도 여인과 어린 아이, 그리고 아기 코끼리가 그녀를 보고 있는 것 같다.

마침내 두 사람은 섹스를 한다. 그 모습은 참혹하다. 그녀의 움켜진 두 손은 남자를 제대로 안지도 못하고 있다. 그런 그들의 모습은 겉보기로는 서로가 서로를 원하는 사랑의 행위라기보다 여전히 마치 그녀가 강제로 고통을 당하고 있는 모습처럼 보인다.

종두　　　　괜찮아? 괜찮아?

행위를 하면서도 종두는 계속 그렇게 묻는다. 공주는 뒤틀린 표정으로 고개를 끄덕이며 웃음을 지으려 애쓴다.

101. 아파트 앞 (외부/밤)

어두운 아파트 건물 앞 주차장. 상식 내외가 차에서 내리고 있다. 상식의 처는 만삭의 몸으로 뒤뚱거리며 내린다.

상식   (건물을 올려다보며) 자나? 불 꺼졌네.
상식처   너무 늦게 왔어요. (뭔가 잊고 내렸다.) 케이크!

상식, 다시 차 문을 열고 포장된 케이크 상자를 꺼낸 뒤, 차 문을 쾅 닫는다.

102. 공주의 방 (내부/밤)

행위를 계속하고 있는 종두와 공주. 갑자기 무언가에 놀란 듯 공주의 몸이 굳어진다.

공주   아아, 아아안…….
종두   (놀라서) 왜 그래? 아파?

공주, 목을 좌우로 흔든다. 치켜뜬 두 눈은 알지 못할 두려움에 질려 있는 것 같다.

종두   왜 그러는데? 그만할까?

공주, 목을 좌우로 흔든다. 두려움과 흥분이 점점 그녀를 사
로잡는 것 같다. 그것들을 쫓아내려는 듯, 그녀는 종두의 몸
을 안는다. 그녀의 몸은 몹시 떨고 있다.

103. 아파트 현관 (내부/밤)

어두운 거실. 아파트 문이 열리고 상식 내외가 들어선다. 문
옆의 스위치를 올린다.

상식   진짜 자나 보네.
상식처   라디오 소리도 안 들리고……. 맨날 라디오 틀
            어놓고 사는데……. 아가씨!

공주의 방 쪽으로 다가온다.

104. 공주의 방 (내부/밤)

여전히 서로를 껴안고 있는 두 사람. 거실에서 들려오는 사람

들의 소리를 들으면서도 종두는 어떻게 해야 좋을지 알 수가 없다.

종두   아이, 씨발…….

그는 자리에서 일어나려 한다. 그러나 두려움에 질린 공주가 오히려 그를 붙든다. 그녀는 걷잡을 수 없는 긴장과 불안에 사로잡혀 몸을 떨고 있다. 얼굴은 비틀리고 두 눈은 치켜떠져서 허공을 헤맨다. 그러면서도 종두의 몸을 놓치지 않으려는 듯 한사코 붙들고 있다.

상식처(O.S.)   아가씨, 자요?

마침내 방문이 열리고 거실의 불빛에 침대 위에서 벌거벗고 있는 두 사람의 모습이 적나라하게 드러난다. 버둥거리고 있는 공주. 놀라 소리치는 상식과 상식처.

상식   뭐야? 뭐야, 이거? 당신 뭐야?

소리는 지르지만 얼른 달려들지는 못한다. 상식의 처는 그의 뒤에서 계속 비명을 지르고 있다.

상식   (처에게) 가서 사람들 불러! 빨리!

105. 아파트 거실 (내부/밤)

달려 나오는 상식처의 뒤를 카메라가 따라간다. 그녀는 정신 없이 아파트 문을 열고 맨발로 뛰어나간다. 앞집 문을 주먹으로 두드린다.

상식처   좀 나와봐요! 예? 아줌마! 불이야! 불났어요!

그녀는 이번에는 계단 위아래를 향해 소리 지른다. 마치 히스테리 발작을 일으킨 사람 같다.

상식처   불이야! 불!

앞집 문이 열리고 사람들이 나온다. 앞집 여자와 남편, 시어머니, 딸 등 온 식구들이 다 나온다.

앞집남자   왜 그래요?
상식처   저기, 들어가 보세요! (울음을 터뜨린다.)

144   오아시스 각본집

사람들이 공주의 집으로 들어간다. 공주의 방 쪽으로 가면, 소리 지르고 있는 상식이 보인다. 상식은 잡히는 대로 무기가 될 만한 것을 들고 방 안을 향해 소리 지르고 있다.

상식   나와! 새꺄! 이리 나와!

106. 공주의 방 (내부/밤)

벗은 몸으로 엉거주춤하게 공주를 안고 있는 종두. 공포와 긴장으로 공주의 몸은 마치 발작하는 것처럼 버둥거리고 있다. 고개를 휘저으며 알 수 없는 소리를 내는 공주.

공주   우어, 우우어어어…….

종두, 어색한 자세로 바지를 찾아 꿰어 입으며 천천히 몸을 일으킨다.

107. 아파트 앞 (외부/밤)

공주의 아파트 건물 앞. 경광등이 켜진 경찰 기동대의 승합차가 한 대 세워져 있고, 주변에 사람들이 모여 있다. 수갑을 찬 종두가 형사들에게 이끌려 아파트에서 나온다. 공주의 오빠와 올케도 보이고 앞집 식구들도 있다.

형사에게 떠밀려 경찰차에 올라타는 종두. 그는 별 저항 없이 고분고분해 보인다. 그의 얼굴 위에 경찰차 경광등의 붉은 불빛이 사납게 뿌려진다.

상식   (형사에게) 우린 어떻게 해요? 우리도 가야 돼요?

형사1   그럼 가셔야지. 피해자도 데리고 와요.

상식   걔 지금 상태가 안 좋은데……. 보시다시피 몸이 정상이 아니잖아요. 말도 잘 못하고…….

형사2   그래도 피해자가 있어야 돼요. 폭행당한 것도 지금 검사를 해놔야 되고.

상식   그럼 내 차로 따라갈게요.

출발하는 기동대 차.

108. 차 안 (내부/밤)

형사 기동대 차 안. 종두가 뒷자리에 앉아 있고, 양쪽으로 형사 두 명이 있다. 사이렌 소리가 계속 울리고 있다. 담배를 피우고 있는 종두. 팔을 뒤로 돌려 수갑을 차고 있기 때문에 입만 놀려 담배를 빨고 있다. 앞자리에 앉은 형사1의 목소리가 들린다.

형사1(O.S.)　　너 전과 있지?

종두　　　　　(말없이 담배만 빨고 있다.)

형사1(O.S.)　　몇 범이야?

종두　　　　　3범이걸랑요.

형사1　　　　뭐 뭔데?

종두　　　　　(별로 대답하고 싶지는 않지만) 음주운전으로 교통사고 낸 거하고요, 폭행하고요…….

형사2　　　　또?

종두　　　　　강간미수요…….

잠시 아무도 말이 없다.

형사1(O.S.)　　너 변태지?

종두　　　　　…….

형사1(O.S.)　　솔직히 말해봐. 변태지?

109. 경찰서 마당 (외부/밤)

밤늦은 시각의 경찰서 현관 앞. 차가 한 대 들어오고 있다. 연락을 받은 종두의 형과 동생이 급히 차에서 내린다. 두 사람, 건물 안으로 들어가려다 문득 종일이 멈춰 선다.

종일   야, 잠깐!

종세가 걸음을 멈추고 뒤돌아본다. 종일이 그 자리에 말없이 잠깐 서 있다. 끓어오르는 심경을 누르며 스스로를 진정시키려는 것 같다. 이윽고 준비되었다는 듯이,

종일   가자.

현관으로 들어가는 두 사람.

110. 형사계 조사실 (내부/밤)

종일과 종세 앞에서 형사계 조사실의 쇠창살 문이 열린다. 두 사람이 안으로 들어간다. 카메라, 그들을 따라간다. 조사실은 책상 30여 개가 놓인 꽤 넓은 방이다. 서너 군데의 책상에서

피의자가 조사를 받고 있고, 그중에 종두의 모습도 보인다. 그의 두 팔은 의자 뒤로 돌아간 채 수갑이 채워져 있다. 좀 떨어져서 휠체어에 앉은 공주와 상식 내외도 있다.
두 사람, 종두에게 다가간다. 종두가 돌아본다.

종두   (두 사람을 보고 미소 짓는다.) 형, 왔어요? 뭐 하러 왔어요? 안 와도 되는데…….

종일은 종두를 노려볼 뿐 말이 없다. 그의 얼굴은 분노와 수치심으로 상기된 채 굳어 있다.

형사1   이 친구 가족 되세요? 관계가 어떻게 돼요?
종두   (대신 대답한다.) 우리 형인데요, (종세를 가리키며) 얘는 내 동생이고요.
형사1   이 친구 강간 혐의로 현장에서 체포되어 왔어요. 아까 나하고 통화했지요?
종일   예.
형사1   피해자는…… (공주 쪽을 가리킨다.) 저기 있고…… 피해자 쪽에서 얘기 좀 하고 싶다고 해서 불렀어요. 뭐, 현장에서 잡혔으니까 사건은 간단한데……. 피해자가, (공주를 가리키며) 보세요, (얼굴을 비틀면서 뇌성마비 흉내를 낸다.) 저

런 불쌍한 애를……. (종두를 한심한 듯 보며) 인
간으로서 이해가 안 돼. (종두에게) 야, 인마. 솔
직히 성욕이 생기대?

종두   (종세를 쳐다보며 실없이 농담을 던진다.) 야, 넌 꼭
경찰서에서만 만나냐?

종두는 농담하면서 킬킬 웃기까지 한다. 화가 폭발한 종일이
종두의 얼굴을 갈긴다.

종일   이새끼가!
형사1   어, 진정해요!

형사가 종일을 붙든다. 그러나 종일은 흥분해서 계속 소리 지
른다.

종일   너 어쩌면 이럴 수가 있냐? 응? 니가 인간이야?
니가 인간이야, 인마?

얻어맞아 코피가 흐르는데도 종두는 웃고 있다. 웃으면서 종
세에게 하던 농담을 계속한다.

종두   야, 다음에는…… 좀 좋은 데서 만나자, 응?

피는 멈추지 않고 종두는 여전히 웃고 있다. 상식이 종일에게
다가온다.

상식   저하고 잠깐 얘기 좀 하실까요?

111. 경찰서 마당 (외부/밤)

어두운 경찰서 마당. 종일과 종세가 서 있고, 상식은 쪼그리
고 앉아 담배를 피우고 있다.

종일   솔직히 내 동생이지만 도저히 이해할 수 없어
           요. 여기 막내도 있지만, 내 이제까지 저 자식
           인간 구실하게 하려고 얼마나 애썼는지 말로 다
           못해요.
상식   …….
종일   그래도 한 배에서 나온 동생이니까 어떡해요? 어
           쨌든 사람 만들어보려고 별짓 다 해봤는데……
           이젠 도저히 안 되겠네요. (흥분해서 목소리가 점
           차 높아진다.) 솔직히 내가, 내가 용서할 수가 없
           어요.
상식   누구보다 내가 더 용서할 수가 없죠.

종일	그럼요, 그러시겠죠.
상식	전생에 우리 집하고 무슨 원수가 졌는지 한 번도 아니고 두 번씩이나……. 그런데요, 아까 경찰에서도 그러던데, 이런 사건 고발하고 법정에 나가고 하는 게 피해자한테도 좋을 게 하나도 없다는 거예요. 그런다고 보상이 되고 위로가 되는 거 아니잖아요? 그러니까……. 나도 생각 많이 해봤는데요…….
종세	합의할 수도 있다는 말씀이시죠? 합의금 얼마를 원하시는 겁니까?

성질 급한 종세를 눈짓으로 제지하는 종일.

상식	그거야, 내 입으로 말하기 어렵죠. 물건 값 흥정하는 것도 아니고…….
종세	그래도 생각하시는 게 있으면 말씀해보세요.
상식	아까 저기 형사가 그러던데, 이런 경우에 보통 최소 2000 정도 한다고 하더라구요. 이건 어디까지나 내 생각이 아니고…….
종일	그런데요, 내 아까도 이야기했지만, 내가 용서가 안 돼요. 도저히. 내 동생이지만 저놈은 더 이상 안 돼요. 우리도 포기할 수밖에 없어요, 인

오아시스 각본집

제. 솔직히 이런 말하긴 뭐하지만 저런 놈은 사
회와 격리를 시켜야 해요.

상식, 말없이 그 자리에 쪼그리고 앉아 있다.

종세   그런데 동생분한테 얘기 들어보셨어요?
상식   (고개를 쳐들어 종세를 본다.) 뭘요?
종세   이게 어떻게 된 건지…….
상식   뭘 어떻게 돼? (자리에서 일어나 종세에게 소리친
          다. 지금까지의 태도와는 딴판이다.) 되긴 뭘 어떻
          게 돼? 응? 보면 몰라? 니들 눈에는 그 꼴이 안
          보여? 에이, 씨발새끼들…….

욕을 하며 가버리는 상식. 종일, 종세를 붙든다.

112. 형사계 조사실 (내부/밤)

공주가 형사1 앞에 앉아 피해자 진술을 하고 있다. 형사가 컴
퓨터의 자판을 두드리며 질문을 던진다. 공주의 말을 제대로
알아들을 수 없기 때문에 그녀의 올케가 곁에 붙어 앉아서 통
역을 하고 있다.

형사1   가해자가 어떻게 집 안으로 들어왔어요?

공주, 무슨 말인가 하려고 참혹하게 입을 뒤틀고 있다. 마음
속에서는 수많은 말들이 뒤끓는데, 극도의 불안과 흥분이 혀
를 마비시키고 있는 것 같다. 겨우 그녀의 입에서 빠져나온
말은, 그러나 알아듣지 못할 신음 같은 것이다.

상식처   (공주를 딱하다는 듯이 보며) 긴장하고 흥분하면
          더 말을 못해요. 열쇠를 계단 베란다 화분에 놔
          두거든요. 앞집 사람들이 늘 드나드니까. 그런
          데 그걸 알았나 봐요.
형사1   가해자가 칼이나 흉기 같은 것으로 위협을 했나
          요?

두 사람 다시 공주를 본다. 공주의 목이 뒤로 젖혀지며 흔들
리기 시작한다.

공주   으으아어어우…….
상식처   그런 거 없었어요. 칼 같은 게 뭐 필요해요? 이
          런 사람한테…….
형사1   피해자가 입고 있던 옷이 이 옷이 맞지요?

형사가 집에서 거두어 온 공주의 속옷을 쳐들어 보인다.

상식처   네, 맞습니다.

형사1   이건 침대에 있던 거고? 맞아요? (침대 커버를 들
어 보인다. 핏자국 같은 붉은 얼룩이 보인다.)

상식처   예, 맞습니다.

형사1   (사무실 한쪽을 가리키며) 저 사람이 가해자가 맞
습니까?

공주, 힘들게 고개를 돌린다. 카메라, 그녀의 시선을 따라 팬
하면 사무실 한쪽에 앉아 있는 종두가 보인다. 종두는 그녀를
보고 있다. 자신을 바라보는 공주에게 미소 짓는다.

형사1   맞지요?

공주가 무슨 말인가 하려고 애쓴다. 그녀는 자기를 얽어매고
있는 마비 상태에서 벗어나려고 필사적으로 애를 쓰는 것 같
다. 굳은 혀를 간신히 움직여 겨우 무슨 소린가를 만들어낸다.

공주   저, 저저…… 사사라아아느으으……. 하하아아
아…….

상식처   (공주의 말을 통역하듯) 예, 맞습니다.

형사1   (다른 형사에게) 어이, 됐어! 일단 저 친구 데리
         고 가서 입감시켜.

경찰관 한 명이 종두를 잡아 일으킨다. 경찰관을 따라가는 종
두. 공주를 돌아본다. 그 모습을 보고 있는 공주.

형사1   (공주를 안심시키려는 듯) 아가씨, 인제 불안해할
         거 없어요. 하나도 겁낼 거 없어요. 알았지요?
         (다시 조서를 작성한다.) 이상의 진술이 사실이지
         요?
공주   하하아아아……. (호흡이 가빠지며 두 눈은 필사
         적으로 허공을 헤맨다.) 하하아아 아니이이…….
상식처   사실입니다.
형사1   치료비 또는 합의금을 받은 사실이 있는지요?

상식처가 남편을 쳐다본다.

상식   없어요.
형사1   (자판을 두드리며 그 내용을 읽는다.) 없습니다. 꼭
         법대로 엄중한 처벌을 바랍니다. (두 사람을 쳐
         다보며) 더 진술할 말 있어요?
공주   저, 저, 마아알…… 조오오…… 어어어…….

다시 공주의 입이 고통스럽게 움직인다. 뭔가 하고 싶은 말이
두꺼운 벽을 뚫고 고통스럽게 비어져 나오려는 것 같다. 그러
나 결국 실패하고 만다. 그녀의 올케가 통역한다.

상식처   없습니다.

113. 형사계 조사실 (내부/밤)

조사실 한쪽에서 종세와 상식이 뭔가 큰소리로 다투고 있다.
종일과 상식의 처가 곁에서 말리고 형사들도 참견을 한다. 조
사실의 다른 한쪽에 공주가 휠체어에 태워진 채 그 모습을 지
켜보고 있다. 그녀에게 신경 쓰는 사람은 아무도 없다. 그들
의 흥분한 고함 소리가 커진다. 목을 비튼 채 그녀는 그들을
보고 있다. 공주의 몸이 점점 더 비틀린다. 두 손을 움켜쥔 채
뭔가 필사적으로 힘을 쓰려 한다. 마침내 그녀의 휠체어가 갑
자기 움직이기 시작한다. 그녀는 휠체어를 세차게 굴려 책상
에 부딪친다.
휠체어는 다시 뒤로 세차게 굴러가서 이번에는 다른 책상에
부딪친다. 몸을 활처럼 뒤로 젖힌 채 목을 꺾어 허공을 응시
하면서, 그녀는 계속해서 휠체어를 움직여 공처럼 여기저기
책상에 부딪친다. 마치 온몸으로 표현하는 침묵의 발작 같다.

그녀의 속에서 터져 나온 억제할 수 없는 분노가 그것을 멈추지 못하게 한다.

그런데도 사람들은 그녀가 왜 그러는지 이해할 수 없다는 눈으로 보고만 있다.

114. 공주의 아파트 (내부/밤)

어두운 아파트 내부. 문이 열리고 상식이 공주를 업고 들어온다. 상식의 처도 따라 들어온다. 상식은 공주를 업은 채 곧장 공주의 방으로 들어간다. 방으로 들어가 침대 위에 공주를 눕히는 상식.

상식처   (공주의 웃옷을 벗겨주며) 아가씨, 다 잊어버리고
            자요. 한잠 자고 나면 좀 나아질 거예요. 오늘밤
            은 우리가 여기서 잘 테니까 무서워하지 말고.
            알았죠?

공주는 아무 반응이 없다. 그녀는 넋을 잃은 듯 허공을 쳐다보고만 있다.

115. 경찰서 유치장 (내부/밤)

유치장 철창 안에 갇혀 있는 종두. 철창 문이 열리는 소리가
들린다.

소리   야! 홍종두!
종두   (고개를 쳐들고 대답한다.) 예!
소리   이리 나와!

철창 앞으로 걸어 나오는 종두.

소리   돌아서!

돌아서는 종두.

소리   손 뒤로 돌려!

종두, 두 손을 허리 뒤로 돌린다. 찰칵, 수갑이 채워진다.

116. 형사계 조사실 (내부/밤)

형사계 조사실의 철창 문이 열리고 종두가 의경과 함께 들어
선다. 수갑 찬 팔을 뒤로 두르고, 완전히 기가 죽어 비굴한 모
습으로 머리를 숙이고 있다. 그러나 고개를 숙인 채로 재빨리
눈을 들어 문이 어떻게 열리는지 살핀다. 조사실 철창 문은
출입구 담당 형사가 책상 위에 붙은 스위치를 눌러야 열리게
되어 있다. 조사실 한쪽에 있던 엄마와 종일의 처, 그리고 목
사가 자리에서 일어난다. 종두, 그쪽으로 다가간다.

엄마   종두야, 너 목사님 전에 한번 봤지? 목사님이
              너 소식 듣고, 널 꼭 만나고 싶다고 하셔서 모시
              고 왔다. 널 위해 기도하시고 싶다 하셔서······.

종두는 머리를 숙인 채 말없이 서 있다.

목사   같이 기도할라고 왔습니다. 지금 종두 씨한테
              무엇보다 필요한 건 기돕니다. 자, 앉아요.

모두들 의자에 앉는다. 종일의 처가 종두를 위해 의자 하나를
당겨 놓는다. 목사, 기도를 시작하려 한다.

목사   자…….

목사, 모두들 손을 앞으로 모으고 있는데, 종두만 뒤로 수갑
이 채워져 있다는 걸 깨닫는다.

목사   (의경에게) 죄송한 말씀입니다만, 부탁 좀 드리
            겠습니다. 이 사람 기도할 때만이라도 수갑을
            좀 풀어주시지요.
형사1   (의경에게) 풀어줘.

수갑을 푸는 의경. 종두도 다른 사람처럼 경건하게 앞으로 손
을 모은다., 낮은 바리톤 음성의 기도 소리가 시작된다.

목사   우리의 영원한 인도자이시고 구원자이신 아버
            지 하나님, 여기 한순간의 유혹을 이기지 못하
            고 다시 길을 잃고 어둠의 진창에 빠져버린 불
            쌍한 어린양이 있습니다. 아버지 하나님…….

출입문이 여닫히는 소리가 연신 들려온다. 고개를 푹 숙이고
있던 종두, 몰래 눈을 들어 출입문을 살핀다. 기도하고 있는
식구들과 목사의 눈치도 살핀다. 형사들은 이쪽에 별로 신경
을 쓰고 있지 않은 것 같다. 출구를 지키는 당번 형사가 다른

사람과 이야기하면서 잠깐 자리를 뜨는 것이 그의 눈에 들어온다. 다음 순간, 자리를 박차고 일어나는 종두. 한달음에 출구 쪽으로 뛰어간다. 형사들이 놀라 달려든다. 그러나 그는 당번 책상의 스위치를 누른 뒤, 문을 열고 밖으로 달려 나간다. 형사들이 따라 나간다.

엄마　　　　아이고, 아버지……. (자리에 주저앉는다.)

목사는 어쩔 줄 모른 채 보고만 있다.

117. 경찰서 복도, 밖 (내외부/밤)

조사실 밖으로 달려 나오는 종두. 밤이 깊어 어두운 복도를 달려 나와 정신없이 현관 쪽으로 뛰고 있다. 뒤따라 달려 나오는 형사들의 모습이 보인다. 카메라 앞으로 달려오는 종두, 입으로 뭔가 계속 중얼거리는 것을 볼 수 있다.

종두　　　　아버지 하나님……. 아버지 하나님……. 불쌍한
　　　　　　어린양이 있습니다, 아버지 하나님…….

카메라, 복도를 지나 현관을 빠져나가는 그의 뒤를 따라간다.

그는 경찰서 주차장을 지나 담 쪽으로 달린다. 뒤따라 쫓아가는 형사들의 어지러운 발자국 소리와 고함 소리가 들린다.

형사1   잡아! 저새끼 잡아!

정문 쪽에서 의병들이 쫓아온다. 그러나 종두는 담 밑에 세워진 어느 승용차의 지붕 위로 뛰어올라 순식간에 담을 건너뛰어 사라진다. 개 짖는 소리가 요란하다. 어느 집 마당으로 뛰어 들어간 모양이다. 형사들이 담을 넘어간다. 개 짖는 소리 계속 들린다.

118. 거리 (외부/밤)

어느 어둡고 텅 빈 거리. 밤이 깊어서 차량 통행도 뜸하다. 멀리서 폭주족들의 오토바이 소리가 들려온다. 그러나 오토바이들은 보이지 않는다. 사이. 이윽고 멀리 요란하게 불빛을 내고 달리는 몇 대의 오토바이가 지나간다. 카메라, 그들의 움직임을 따라 천천히 팬 하면, 길가 공중전화 부스 밑에 쭈그리고 앉은 누군가의 모습을 볼 수 있다. 고개를 숙이고 꼼짝도 않고 있다.

119. 거리 (외부/밤)

버스 정류장에서 젊은 여자 한 명이 내린다. 인적이 별로 없어서 불안한 듯 바쁘게 걸어온다. 갑자기 어둠 속에서 누군가 튀어나와 그녀의 팔을 잡고 좁은 골목 안으로 잡아끈다. 여자가 비명을 지르자 입을 틀어막는다.

종두   조용히 해!

여자   살려주세요……. 예? 살려주세요…….

종두   조용히 해! 씨발년아! (그의 눈이 어둠 속에서 무섭게 번뜩거린다.) 너 전화기 있지? 전화기 내놔봐. 빨리, 이년아!

여자, 정신없이 핸드폰을 건네준다.

종두   (핸드폰을 받아들고 여자를 위협한다.) 그대로 있어. 꼼짝하면 죽어! 쑤실 거야. (몸으로 여자를 벽에 밀어붙인 채 전화를 건다. 이윽고) …… 여보세요? 어……. 거기 한공주 씨 집이죠? (방금 여자에게 했던 목소리와는 너무나 딴판이다.) 공주 좀 바꿔주세요. 저요? 저 홍종두란 사람이걸랑요. (사이) 미안합니다. 미안한데요, 공주 좀 바꿔주세요. 예?

중간에 전화가 끊어진 모양이다. 전화를 다시 건다. 그러나 통화가 안 된다. 그는 그 자세대로 머리를 숙인 채 가만히 서 있다. 여자가 작은 소리로 애원한다.

여자   살려주세요? 예?
종두   (핸드폰을 내밀며) 가. 빨리 가, 이년아!

여자가 정신없이 달아난다. 큰길로 나가 마치 히스테리에 걸린 사람처럼 괴성을 지르며 엎어질 듯 달아난다.

120. 공주의 아파트 앞 (내부/밤)

형사2가 손에 뭔가를 들고 어둠 속으로 걸어온다. 김이 나는 컵라면 두 개를 포개 들고 있다. 공주의 아파트 건물 입구가 보이는 길가의 어둠 속에 세워진 승용차 쪽으로 다가간다. 형사1이 안에 있다가 문을 열어준다.

121. 공주의 방 (내부/밤)

불 꺼진 어두운 공주의 방. 침대에 웅크린 채 혼자 침대에 누워 있는 공주의 모습이 보인다. 라디오 소리가 들려온다. 심야 음악 프로에서 출연자가 시시한 잡담을 하며 떠들고 있다. 어둠 속에서 공주의 눈동자가 빛난다. 두려움과 외로움을 가득 담은 채 그녀의 두 눈은 벽에 붙은 오아시스 벽걸이를 보고 있다.

인서트. 공주가 보고 있는 오아시스 벽걸이. 그림을 뒤덮고 있는 검은 나무 그림자들이 음산하게 흔들리고 있다. 어디선가 무슨 소리가 들려오고 있다. 믿을 수 없게도 오아시스를 덮고 있던 나무 그림자들이 하나 둘씩 사라져간다. 마치 판타지처럼. 계속해서 창밖에서 시끄러운 소음이 들려오고 그와 함께 나무 그림자도 하나씩 없어져가고 있다.

침대에서 몸을 일으키는 공주. 그녀는 마치 신비한 판타지가 현실에서 이루어지고 있는 것을 보는 듯한 표정이다. 이제 나무 그림자는 눈에 띄게 줄어들었다.
창문 쪽을 쳐다보는 공주. 소음은 그쪽에서 들려오고 있다. 창밖에서 무슨 일이 일어나고 있는 것이 분명하다. 그녀는 필사적으로 몸을 일으켜 창문 쪽으로 가까이 가서 옷걸이에 의

지해 몸을 일으킨다. 그녀에겐 그 동작이 몹시 힘들지만, 뭔가 알 수 없는 힘이 그녀로 하여금 창문 밖을 내다보게 한다. 공주의 시점으로 아파트 창밖에 서 있는 커다란 나무가 보인다. 이 한밤중에 누군가 그 나무 위에 올라가서 나뭇가지를 자르고 있다.

122. 아파트 밖 (외부/밤)

아파트 건물 밖. 형사1, 2가 달려가고 있다. 그들은 공주의 아파트 건물 옆에 있는 커다란 나무 밑으로 달려간다. 나무 위에 올라가 있는 종두의 모습이 보인다. 그는 톱으로 나뭇가지들을 자르고 있다. 중요한 노동일을 하는 것처럼 열심히 톱질하고 있는 종두.

나무 밑에서 올려다보고 있는 형사들. 그들은 종두가 이 밤중에 왜 이런 미친 짓을 하는지 이해할 수가 없다. 잘려진 나뭇가지가 그들 위로 어지러이 떨어진다.

123. 공주의 방 (내부/밤)

힘써 창문을 열고 있는 공주. 이제 벽걸이 그림을 덮은 나무 그림자는 반 넘어 없어졌다. 그녀는 자신이 종두를 보고 있다는 사실을 어떻게든 알리고 싶지만, 종두는 자기 일에만 열중하고 있다. 그녀는 다시 침대 쪽으로 간다.

124. 아파트 밖 (외부/밤)

나무 위에 올라앉아 여전히 열심히 가지를 톱질하고 있는 종두. 나무 아래에서 형사들이 소리치고 있다.

형사1   야, 빨리 내려와!

형사2가 나무 위를 오르려고 하지만, 종두가 잘려진 가지로 위협한다. 그러면서도 그는 톱질을 계속한다. 어디선가 라디오 소리가 들리기 시작하더니, 점점 커진다. 소리를 최대로 키운 라디오 소리가 한밤중의 아파트 전체를 요란하게 울린다. 종두가 공주의 방 쪽을 돌아본다. 창문에 붙어 이쪽을 보고 있는 공주의 모습이 실루엣처럼 보인다.

라디오에서는 그렇고 그런 잡담이 진행되다가, 광고 방송이 시작된다. 한밤중의 난데없는 소동에 잠에서 깨어난 아파트 주민들이 창문을 열고 내다보고 있다. 갑자기 종두가 가지 위에서 몸을 일으켜 공주를 향해 돌아서는가 싶더니, 광고 방송의 음악에 맞춰 춤을 추기 시작한다.

125. 공주의 방 (내부/밤)

창밖을 내다보는 공주, 종두의 춤추는 모습을 보고 웃음을 터
뜨린다. 라디오 소리가 귀를 찌를 듯이 크게 들린다. 그 라디
오 소리에 섞여 공주의 방문을 두드리는 오빠 내외의 소리가
들려오고 있다.

상식   문 좀 열어! 공주야, 문 열어!
상식처   아가씨!

그러나 공주는 아랑곳하지 않고 종두의 모습을 보며 웃고 있
다. 그녀는 두 팔로 침대 머리맡에 있던 낡은 오디오를 끌어
안고 있다.
공주의 어깨 너머로 보이는 종두의 모습. 그는 우스꽝스럽게
춤추는 동작으로 나뭇가지를 톱질하고 있다. 마침내 마지막
가지를 잘라냈다. 일어나서 한 손에 톱을 든 채 다시 라디오
소리에 맞춰 춤추는 시늉을 한다. 그러다가 몸의 균형을 잃고
나무 아래로 떨어진다.

126. 아파트 밖 (외부/밤)

나무에서 떨어지는 종두. 땅바닥에 그대로 처박혀서 널브러
진다. 형사들과 경비원이 달려온다.

공주의 시점처럼 보이는 롱샷. 땅바닥에 쓰러져 있는 종두와
곁에서 들여다보고 있는 사람들의 모습이 보인다. 이윽고, 형
사들이 그를 일으킨다. 형사들은 종두의 팔을 뒤로 돌려 수갑
을 채운다. 형사들과 함께 걸어가는 종두. 몇 걸음 걷다가 갑
자기 장난하듯 우스꽝스런 춤 동작을 해 보인다. 형사가 그런
그를 쥐어박는다. 그들의 모습이 멀어져간다. 그동안에도 라
디오 소리는 여전히 어둠 속을 울려 퍼지고 있다.

창밖에서 들어온 가로등 불빛에 모습을 드러내고 있는 오아
시스 그림. 늘 덮여 있던 검은 나무 그림자는 하나도 보이지
않는다. 천천히 디졸브.

127. 에필로그, 공주의 방 (내부/아침)

앞 장면에서 디졸브되는 오아시스 벽걸이 그림. 밝은 아침 햇
살이 그림 위에 머물러 있다. 창밖에서 지저귀는 새 소리도
들려온다.

방문이 열리고, 공주가 몸을 끌며 방으로 들어온다. 그녀의

손에는 방금 배달된 듯한 편지가 한 통 쥐어져 있다. 그녀는 화장대에 기대어 앉아 머리핀으로 봉투를 뜯기 시작한다. 그녀의 뒤쪽 창문 밖으로 햇빛에 반짝이는 푸른 나뭇잎들이 보이는 걸로 봐서, 아마도 몇 달이 지난 모양이다.

이윽고 봉투 안에서 편지를 꺼내는 공주. 뒤틀린 자세로 웅크린 채 그녀가 편지를 읽고 있는 동안, 종두의 목소리가 들려온다.

종두(O.S.)   보고 싶은 마마, 공주마마. 장군이옵니다. 그동안 잘 지내셨는지요? 밥도 잘 먹고, 잠도 잘 자고, 건강하게 지내는지? 이 몸도 건강하게 하루하루 잘 있사옵니다. 콩밥도 잘 먹고 있사옵니다. 걱정 마옵소서. 콩밥이라도 콩은 없습니다. 어떤 때 콩이 밥에 섞여 나오면, 콩 싫어하는 마마가 생각납니다. 나도 이제 콩이 싫습니다. 빨리 콩밥 그만 먹고, 나가서 두부 먹어야지, 그 생각하고 있습니다…….

편지의 내용은 대단히 유치하다. 여전히 그는 웃기지도 않는 썰렁한 농담을 하고 있다. 그러나 공주는 어느 순간, 웃음을 터뜨린다. 종두의 농담은 계속된다. F.O.

작가 노트 × 콘티

상투성과의 싸움 또는 리얼리티의 재현

• 175-185쪽은 '오아시스'의 초기 아이디어가 메모된 작가 노트 중 주요 내용을 발췌해 재구성한 것이다. 이어지는 186-205쪽에 수록된 '콘티 초고'는 오리지널 시나리오의 도입부, 즉 '씬 1-8'(이 책 21-29쪽)에 해당하는 부분이다.

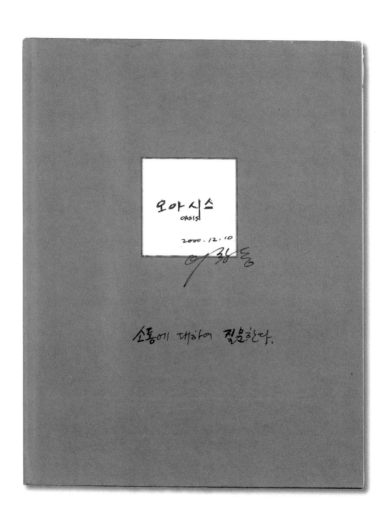

오 아 시 스
OASIS

2000. 12. 10
이창동

소통에 대하여 질문한다.

사랑과 판타지
→ 누구도 사랑이라고 인정하지 않는 사랑.
둘만의 Fantasy!

미(美)와 추(醜)에 대하여.
미는 무엇이고 추는 무엇인가? 아름다움과 추함의
경계는 어디에 있는가?

아름다움과 추함의 경계는 어디에 있는가?

사랑이란 이상과 숭고의 뒤범벅. 그러므로 사랑은
항상 누군가 이상주의라가 된다.

사랑이란 모순 — 의미가 무한한 동시에 완전히 소실되어
버린 것.

(좋아했을 때)

두번째 만났을 때, 그는 여자에게 꽃을 내민다.
→ 그는 계속해서 그녀를 찾아간다. 나아도 그는 그녀에게
특별한 감정이 생심을 가지게 된 것이다. 그 감정의
정체가 무엇인지 분명히 알았다.

그녀는 뭐 그녀를 받아들이는가?
또는 다시 묻는가?

사랑이란 모순 — 의미가 무한한 동시에 완전히 소실되어버린 것.

관객을 최대한 불편하게 만든다.
감옥이 안이 이렇도록! / 느끼도록

사람들이 그 사랑을 사랑이라고 믿지
않아야 한다.

우리 인생을 지배하는 위선적 이데올로기.
'상식' 이라고 하는 것.

우리 일상을 지배하는 위선적 이데올로기.
'상식'이라고 하는 것.

오아시스 각본집

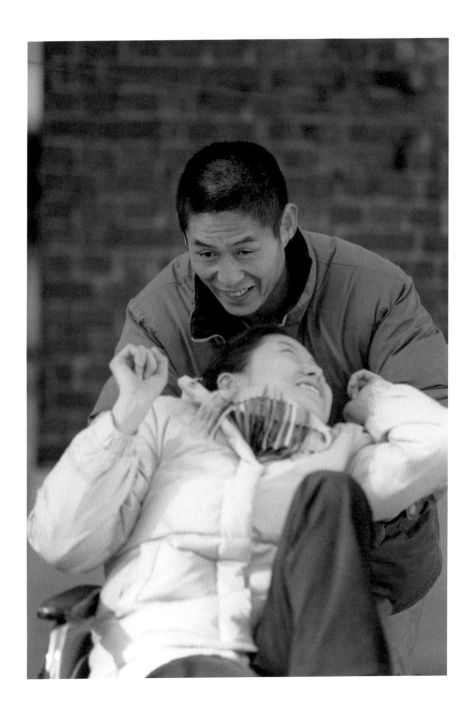

오아시스 각본집

그는...

그는 우리 사회에서는 발붙일 곳이 없는 인물이다.
모두가 싫어하는 인물, 가족같으럽고 본인 때이
죽이 사는듯(가족에게전가)에게 피해를 주는 인물이다.

그래도 그는 자주 미소짓는다. 그 미소는 비틀어져 보이기도,
때로는 어린애처럼 순수해 보일 때도 있다.

외로움. 외로운 사람들
소통하지 못하는

아무도 그를 이해하는 수 없다. 그것이 중요하다. 그는
어린아이 같기도 하고 바보 같기도 하다. 그는 현대사회에서
받아들일 수 없는 것을 요구하고,
할 수 없는 것을 하려고 한다.

그는 현대사회에서 받아들일 수 없는 것을 요구하고,
할 수 없는 것을 하려고 한다.

상투성과의 싸움.

그럴런지, 인과관계, 동기부여.
모든것을 해체하라. 중요한 것은 일상의 리얼리티.

reality의 재현.
이 영화가 fantasy에 반하는 영화이므로
일상의 리얼리티는 더욱 중요하다.
현실과 fantasy의 극단적 대비!

모든 것을 해체하라.
중요한 것은 일상의 리얼리티.

"맞아, 현실은 저런 꺼야!" 하는 느낌.
일회적인 것, 우연적인 것, 즐대로 작위적으로
연출해서 만들수 없는 현실의 재현!

절대로 작위적으로 연출해서 만들 수 없는 현실의 재현!

오아시스 각본집

무엇은 말하나보다 어떻게 말하나가 더
중요할수 있다는 것. 그것이 세상을 다르게
보도록 한다는 것.

무엇을 말하나보다 어떻게 말하나가 더 중요할 수 있다는 것.
그것이 세상을 다르게 보도록 한다는 것.

OASIS

continuity 원고

2001. 12. 25.

S#1

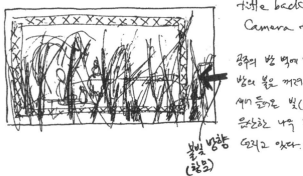

title back.
Camera fix.

공주의 방 벽에 걸린 Carpet.
밤이 불은 꺼져 있고, 창문으로
새어 들어온 빛(거리의 가등 불빛)이
은은하게 나뭇 그림자를 Carpet 그림위에
드리고 있다.

붉빛 방향
(창문)

주안점:

1. 나뭇 그림자는 부분적으로 흑백논리에 있어서 추상적인 느낌을 준다.

2. 바람에 흔들리는 모습이 약간 불길하고 은은하게 느껴진다.

3. 처음에는 나뭇 그림자가 너무 짙고 방안이 어두워서 그림의 형태를
   알아 볼 수 없다. 그러나 그림자가 차츰 엷어지면서
   그림의 형태를 조금씩 알아볼 수 있게 하라.
   마침내 그림자는 완전히 없어지고 엷은 어둠(새벽빛) 같은 것속에
   그림의 형태가 보이면서 f.o.
   시간 약 2'40".   — 오르르기

4. Sound: 나뭇 흔들리는 소리 (강하다가 차츰 약하게).

5. music: 나뭇 흔들리는 바람소리 fade out 되면서 자연스럽게
   thema music fade in. (또는 overlap)

6. 빛의 변화, 나뭇 그림자의 인위적 조작 등이 필요하리만,
   전체적으로 사실적인 느낌을 유지하는 것이 좋다.

$S^\#2$ 버스 안, 거리.

$C^\#1.$

1 shot.

image.

버스 유리창에 반사된 중독의 얼굴.
~~달리는~~ 버스의 창으로 보이는 도시의 일상적인
거리 풍경. 그 위에 비려지는
중독의 얼굴.
(일상에 걸터앉는 인간의 image).
$10'' \sim 15''$ 정도.
Sound : 거리 소음.
  버스 소음. 라디오 방송 등.
  만들어진 것이 아닌 자연스럽고
                사실적인 느낌 좋음.

$C^\#2.$

two shot.

버스 유리창에 머리를 대고
졸고 있는 중독.
앞쪽의 햇빛이 일상적 느낌을
부여해준다.
두 사람의 얼굴이 햇빛이 다사롭게
머물러 있다. $10 \sim 15''$ 정도.
Sound : 버스 소음. 라디오 소음 $C^\#1$ 과 동일.
"다음 정차하는 곳은……" 안내 방송 들린다.

$C^\#3.$

one shot. big C.U.

버스에서 내리기 직전의 중독 얼굴 C.U.
약간 역광의 얼굴.
$10''$ 정도 달려가다가 이윽고 버스가 선다.
Sound : 소음은 위와 동일.
  "이번에 정차하는 곳은……" 안내방송.

$S^{\#}2$ 거리.
$C^{\#}4.$

버스에서 내려 정류장에서 엄마의 옷을 사는 종두
(hand hold camera)

정차하는 버스의 문이 열리고,
종두가 화면에 내려 camera 앞으로.
Camera 그의 움직임을 따라
follow 하라.
(화면에는 역광 암부).
그의 뒤로 다른 승객들 두어 명 내리는
모습이 보인다.

extreme C.U.

버스에서 내린 뒤부터,
화면 화면의 '바쁜 얼굴 C.U에서
시작.
화면 오른쪽으로 몇 걸음 걷다가
(버스정류장이 있는) 반대편으로 몸을 돌려
걷는 종두의 얼굴을 camera 계속
같은 size를 유지하게 ~~클로~~ follow.

C.U.

화면 왼쪽 버스 정류장을
향해 다가가는 종두.
Camera와의 거리가 눈에 띄지 않게
조금씩 멀어진다. (C.U → tight
b.s 정도까지).

종두의 표정과 걸음걸이는 조금은
들떠 있는 듯. 그는 안방에 바라는 거리 풍경에
대한 감회가 나름대로 보인다.
아직은 주변 풍경이 제대로 소개되지 않는다.

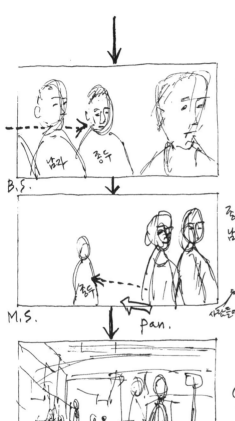

B.S.

M.S.

종두

pan.

사람들에게

L.S에 가까운 F.S.

종두는 버스 정류장 앞에 서서
버스를 기다리고 있는 사람들에게로
걸어간다.
이때 우리는 여유있는 B.S 로으로
그를 볼 수 있다. 그가 옆에 있는 사람
(중년 남자)을 쳐다본다. 남자는
무심코 그를 돌아본다. 종두가 미소 짓는다.
남자가 고개를 돌린다.

종두: 쌍문동 가는 버스 여기서 타요?
남자: 잘 몰라요.

남자는 종두를 힐끔 쳐다보고 외면한다.
종두는 계속 미소 짓고 있다. 그의 미소는
뭔가 이상한 느낌, 뭔가 피하고 싶은
느낌을 준다. 그의 기분은 나쁘지 않다.
어쩌면 버스에서 들었던 라디오 음악이
그의 기억 속에 남아서 자신도 모르게
그 곡을 흥얼거리는지도 모른다.
그는 길가의 의류 행당 쪽으로 걸어간다.
Camera, 그를 따라 pan. 주변
풍경이 더 넓게 보이고, 종두와
주변 풍경과의 부근라가 ~~그그그그~~
좀더 드러난다. 그는 행당에게
관심을 보이도 한다.

주안점 :

1. 인물의 소개 --- 영화는 이 장면 종두의 불안하고 불균형하는
이미지로부터 시작하려니라 하는 수 없다. 빡빡 깎은 머리, 어른 쓰인 양
추레함, 그리고 그의 마다마 주변에 반응하고 관심을 보이는 표정들.
그것은 곧 둘러싼 일상의 풍경에 묘하게 부조화를 이룬다. 그러나
이런 것들이 통원화이 되어서는 안되고 거의 눈에 두드러지지 않게
보여져야 한다.

2. Camera 움직임 --- 카메라는 매우 자연스럽게 종두의 얼굴에서 곤라라로
그의 옷차림, 타인들과의 반응, 그리고 일상적인 거리 풍경에서의
부조화로 확장시키면서 잡아 나간다.
hand held의 자연스러고 흔들림은 곧 약간 불안감한 image로
보여지게 할 것이다.

3. 일상의 풍경, 그리고 사람들의 반응 --- 종두의 모습만큼 일상의 모습도 중요하다.
결코 만들어진 모습이 드러나서는 안된다. 특별한 구도도, 그럴싸한
모습도 될모없다. 중요한 것은 연출되지 않은 (혹은 연출되지 않은 듯
보이는) 지극히 일회적인 일상이다.
종두를 바라보는 사람들의 시선(특히 중간 난자)도 마찬가지. 기본적으로
그들은 종두의 비선을 피하고 싶어 하라면, 동시에 무관심하다.

4. Sound --- 자연스러운 거리의 소음.

오아시스 각본집

S#3   아파트 앞 복도.

C#1.

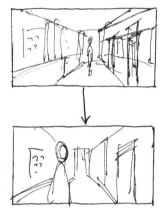

Camera fix.
아파트 복도를 걸어오는 종두.
L.S 에서 W.S 까지. Camera 앞으로 다가온다.
리얼밤바에 리리 장으로 돌아오는 기쁨이
썰렁한 광선으로 표현되고,
당혹감으로 변화되는 과정.

종두의 타인과의 낯설에 있어서
캘리버 심리적인 장면.

C#2

극단적인 부감에서 종두 측면 B.S 까지.
종두 시점의 극단적인 부감.
침이 떨어져 내린다.
Camera tilt up 하면
화들이 카나노 트로, 아파트 달러 등이
보이고

종두의 측면 B.S.
입에 침이 매달려 있다. 이윽고 침이
떨어진다.   노래를 입속으로 중얼거리는 소리.
          오하 하긋속 보는

C#3

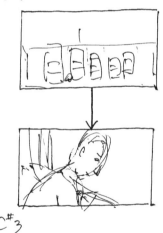

종두의 뒷 모습. 약간 여유있는 B.S.
여전히 노래를 흥얼거린다.
종두의 뒷 모습은 상대적으로 어둡고
배경의 아파트 달러들은 햇빛을 받아
밝게 보인다.

오아시스 각본집

S#4   미니 수퍼 (지상)

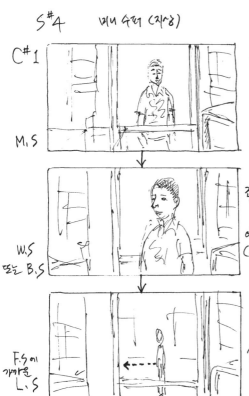

C#1

M.S

W.S
또는 B.S

F.S에
가까운
L.S

미니 수퍼 출입문을 정면으로 바라보는
Camera.
종두가 출입문을 열고 들어오다.
밝은 밖고 안은 좀 어둡다.
(TV 소리가 계속 들려온다.)
가게 안을 기웃거리고, 미소리으며

종두 : 아줌마, 두부 있지요?
       생두부 하나 줘요.
아줌마 : 두부 없는데요.
(O.S)

       종두 계속 미소 리으며 아줌마를
보다. 아까 아줌마는 TV를 보고
있는 모양이다. 종두, TV도 려라본다.
뒤이어 다른 아줌마가 들어온다.

손님 : 물고 그렇게 래빗게 봐?
       물건은 고르는 손님. 종두 곁의
나가른다. 바깥들에서 잠시 서다
(L.S 정도) 어디로 갈까
하다가 화면 던쪽으로 Frame
out.

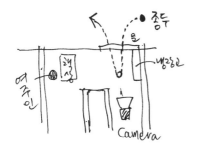

주안점 : 1. 수퍼 안과 밖의 명암 대비.
          바깥은 밝고 차가우며 안은 어둡고
          따뜻한 느낌.
          2. 종두의 받아들여지지 않는 미소.
          3. 보이지 않는 TV.
          4. 문을 열고 나가는 뒤의 종두 감정.

S#5   지하식당

C#1.

지하상가의 식당 어느 한 구석.
화면의 1/3쯤 때낀 연료록 유리 칸막이가 차지하고 있고,
식당에서 식사하는 사람들의 모습이 변사되어 보인다. 유리 칸막이
너머에는 열린 식당이 보이고 식당 안쪽바도 보인다. 깐박이에는
때낀 타원도 하나 끌려져 있다. 그래픽으로 여수선하고 구질구질한
image들로 가득한 느낌. TV 화면도 변사되어 보인다.
한편 화측에서 종득가 포레인 안 되어 열린 식당 안쪽아에게
다가간다.
종득 : 아줌마 두부 있어요?
    아줌마의 신경은 들려지 않치만 없다고 하는 모양이다. 종득가 유리 칸막이
    쪽으로 다가가 화면 앞 쪽을 향해 묻는다.
종득 : 아줌마 두부 있어요?
아줌마 (0.5) 두부요? 순두부요?
종득 : 아뇨, 생두부. 생두부 있어야만 한 모양 타데요.
아줌바 (0.5) 두부 없었어?
아줌바2 (0.5) 두부 없어요, 아저씨. 다 떨어졌어요.

198   오아시스 각본집

중독이 비슷들 떼내며 보다가 오른쪽으로 Frame out.

음악 Concept

1: 중독의 감정...

중독가 득부를 찾는 라업은 짧지만 매우 중요하다.
겨울의 도시에서 어른없맹을 입고 득부를 찾아다니는 중독의 기묘한
모습은 이 영화에서 중독의 기본 image로 관객에게 다가온다.
(관객이 2와 고도손에서 나온 인물임을 알아차린다 해도 상관없다.)
'득부를 찾는 중독'는 2와 고도손에서 나온 인물이라는 narrative 상의
정보를 제공해 주는 것으로 시작되는 안된다는 이야기다. 2가
득부를 찾아다니는 것은 가족을 찾아다니는 것과 같은 의미이며
자신에 대한 누군가의 관심을 찾아다니는 것이다. 그래서 중독는
계속 비슨 리어야 하는 것이다.

2: 일상의 풍경...

S#4 와 S#5 에서 보여지는 일상의 풍경은 흔한 것이면서
어떤 느낌을 전해 줘야 한다. 특별하고 별것 것 없는 현실
의 풍경을 드러내어 '보여주되' 어떤 image의 느낌을
가릴 것!

3. 소리의 image...

S#4 와 5 에서 '아줌마'들의 모습은 보여지지 않고 목소리만
off sound로 들린다. 그 대신 특 강해진다 TV 소리가
커워진다. (S#5에서는 유리 칸막이의 TV 화면이 비쳐지기도
하다.) 다음 S#6 에서도 TV 소리는 들리고 화면이
보일 수도 있다.

S#6   두부 먹는 종두.

C#1.

종두
W.S.
측면.

One shot 에서 two shot으로 ⟹ pan.

두부를 베어 먹고 있는 종두, 화면 오른쪽으로 걸음을 옮긴다.
종두 : 얼마예, 아줌마 ?   Camera, 라면스럽게 pan.

    주인 남자의 모습이 보인다.
주인 : 그냥 갖춰요.
종두 : 예 ?
주인 : 돈 안 받고 드리는 거니까 그냥 드시라고.
    (주인은 냉장고에서 우유까지 꺼내준다)
주인 : 자. 이거 바시가께 벌여요.
            ~~르르히~~

C#2.

F.S.

두 사람 F.S. 지나다니는 사람들도
보인다. 초레이공의 선선한 느낌.

종두 : 해태우유는 없어요 ?
주인 : 우유 다 똑같어. 해태우유라고
    뭐 달라요 ?
종두 : 우유는 해태우윤데.
    (우유를 마시며 덕을 삼키는 종두.)

200   오아시스 각본집

$C^\#3.$

두부를 먹는 종두 단독 B.S. (주인 시점).

Camera, 주인의 시점으로 본 종두의 뒷모습에 가까운
측면 열굴을 보여준다.
배경이 밝은 햇빛이어서 콘트라스가 강한 역광. 두부를
씹을 때마다 볼과 하악의 실룩거림이 잘 드러난다.
열심히 씹는 종두. 문득 카메라 쪽(주인)을 돌아보며
씩 웃고는 다시 고개를 돌린다.

종연 concept   1. 종두의 감정 … 홀로 두부를 사 먹어야 하는
                종두의 외로움이 실루엣에 가까운 image로 드러나야
                한다. 두부를 열심히 씹는 것은 나름대로
                앞으로 사고 치지 않고 열심히 살겠다는 의지의 표현
                이다. 또한 홀로 두부를 먹으면서도 누구도 원망하지
                않는, 자신의 처지에나 쓸쓸함에 잘 적응된 모습이
                보여야 한다.

오아시스 각본집

S#7 공중전화 박스.

C#1

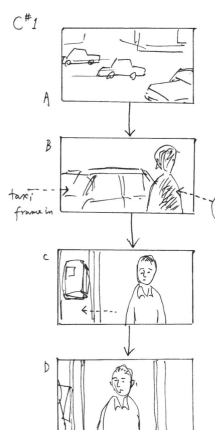

A

B

taxi
frame in →

(종두)

C

←----

D

C#2

기사. ←

종두 얼굴

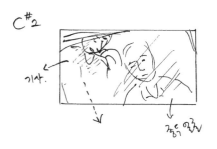

차들이 분주히 다니는 거리.
종두가 화면 오른쪽에서 frame in
한다. W.S 정도.
잠시 서서 거리를 망연히 보고 있다.

택시가 왼쪽에서 들어와 선다.
종두가 타려 하자, 그대로 떠난다. 종두
돌아서서 걷는다. Camera, 그를
같은 size로 잡으며 뒷걸음 follow.

공중전화 박스로 다가오는 종두.
아이들이 전화가는 소리 들린다.
종두 박스 안으로 들어간다.

박스 안에서 열 박스 (화면 왼쪽)를
거는 종두.
미소 짓는다.

C#1의 B 부분의 insert.
택시 열 유리창에 종두의 얼굴이 반사되어 있다.
창문이 아래로 내려가면서 기사가 고개를 기울여
종두를 쳐다본다. 택시 비웃기 아니다는 표정.
이윽고 창문이 올라가며 다시 침묵.
frame out.

S#7
C#3.

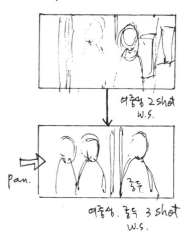

여중생 2 shot
W.S.

pan.

여중생. 종두 3 shot
W.S.

C#2의 reverse.
여중생이 전화하고 있다.
종두(O.S) : 야!
여중생 2가 쳐다본다. 다시 그제 돌아보며
   (못마)
종두(O.S) : 야!
다시 쳐다보는 여중생의 시선 따라 camera
pan 하여 종두의 모습을 함께 보여준다.

종두 (미스 리어며) : 나도 전화 하라고 하는의
   동의이 없걸랑. 동로 좀 빌려주라.

아이들 반응이 전화는 금세 나간다. 아이들과 엇걸려
종두아이가 들어와 수화기로 든다. 동전을 넣고 번호를
누르는 모습을 종두가 여전히 미스 리어며 보고 있다.

종모 concept : 1 '아무 것도 아닌 것'의 느낌 … S#7은 narrative 상
'갑자기 걸려 온 못을 참여버린 종두는 전화를 걸려고 해버리려 한
동로바로 없다 '라는 내용을 전달하는 것이다. 그러나 이러한
내용 전달은 별 의미가 없다. 이 장면에서 특별한 사건이나
갈등을 인지할 필요도 없고 그런 인상을 주어서도 안된다.
아무 것도 아닌 평범한 행위를 아무 것도 아닌 것이라고 전달하는
게 중요하다.

2. 종두의 소리 …… 화면 돌아왔으나 같은 못이 없는 갈등을
특별하게 표현할 필요는 없다. ↗당당히려 전화를 거는 아이들의
대화 (그리고 종들아인의 대화) 비판는 관심나 애정을 느끼고 있다.
그것들은 물론 사람들로부터 종종 거부된다.

204   오아시스 각본집

S#8

C#1.

카운터에 서서 은화하고 있는
종두 뒷 13슈. (M.S. 정도).
철창과 유리로 된 출입문 바깥으로
일부가 보인다.
카운터에는 주인터도 앉아 있다.
종두 : 여보세요? 거기 홍콩인지 안 계세요?
홍콩일. 그게 거기 있었어요. 예? 그래요?
여보세요 …

은화가 끊어지자 자기 table로 걸어온다.
Camera 안쪽에 있는 table에 앉으면
앞은 측면의 B.S. 정도. 자리에 앉아
신지통을 뒤적여 본다.
종두 : 아가씨! 맥주 한 병 주세요!

S#9   C#1, C#2, C#3 을 처음부터 끝까지 full로
       각각 촬영.
       C#1은 종두 중심. C#2는 주인 중심. C#3은 곤혜 가
       잡힌다.   C#1에서는 방안도 일부 보이고, C#2에서는
       역두워진 거리 풍경 및 초으로 들어서는 순경의 모습이 보인다.

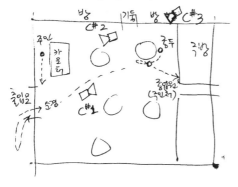

현장 스틸

현실과 판타지가 충돌한 흔적

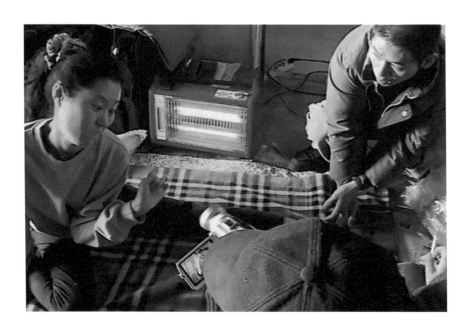

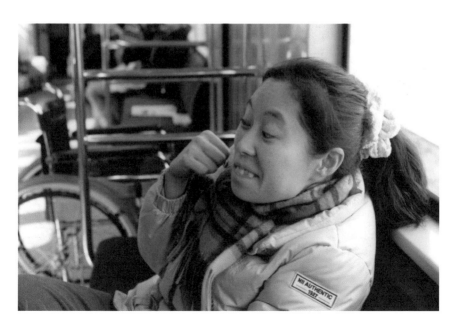

인터뷰

보이지 않는 경계를 찾아가는 영화

조선희 × 이창동

• 조선희는 작가이자 언론인이다. 1982년 《연합통신》에서 기자로 일하기 시작했고, 1988년 《한겨레신문》 창간에 참여했다. 1995년 영화 주간지 《씨네21》 창간부터 5년 간 편집장으로 일했고, 한국영상자료원 원장, 서울문화재단 대표로 일했다. 장편소 설 《그리고 봄》, 《세 여자》, 《열정과 불안》을 썼고, 그 밖에 지은 책으로 《상식의 재구 성》, 《클래식 중독》 등이 있다.

• 이 인터뷰는 '오아시스'가 개봉한 지 22년 만인 2024년 3월에 새롭게 이루어진 것이 다. 이보다 앞선 인터뷰는 2002년 '오아시스' 개봉 당시 《씨네21》에 게재된 바 있다.

할리우드 직배와 함께 구시대 영화 산업이 무너지고 그 폐허 위에 새로 구축된 영화 제작 시스템이 한국 영화 뉴웨이브를 무려 30년 넘게 밀어오고 있다. 새로운 파도가 한국 영화의 해안에 막 도착했던 1996-1997년 2년 동안 홍상수, 김지운, 김기덕, 임순례, 이창동 감독이 데뷔했고 그들 가운데 이창동 은 리얼리즘의 영화, 당대의 질문에 응답하는 영화들을 가지 고 나타났다.

'초록물고기', '박하사탕', '오아시스', '밀양', '시'……. 2008년 '버닝' 이전에 이창동 감독이 만든 영화 다섯 편의 제목들은 그가 갈 데 없는 이상주의자임을 말해준다. 어릴 적 개울에서 '쓰레빠' 잃어버리는 줄도 모르고 찾던 '초록물고 기', 잃어버렸지만 잊을 수는 없는 첫사랑의 맛 '박하사탕', 빽빽하거나 은밀한 햇빛 '밀양', 궁극의 아름다움을 찾아가 는 '시', 그리고 사막 속의 샘이자 구원의 장소인 '오아시스'.

그중에서도 '오아시스'는 가장 밝고 낙관적이다. 전작인 '박하사탕'과 비교해봐도 그렇다. 우리가 역사를 생각할 때 무기력해지고 더러 패배의식에 빠지지만, 사람을 하나하나 생각하면 마음이 조금 가벼워지는 것도 그렇다. 개인에겐 구 원이 좀 더 가까운 데 있고, 정 안 되면 판타지라도 있는 것이 다. 세상이 사막이라 해도 어딘가엔 오아시스가 있다. 심지어 전과자인 남자와 뇌성마비 여자가 둘이서 손잡고 그 오아시 스를 발견할 수도 있다.

1990년대 후반 이후 한국 영화의 문제작들이 수많은 캐릭터들을 생산해냈지만, 그 인물들 가운데 대다수는 그야말로 트렌드 따라 왔다가 트렌드 타고 사라졌다. 그런데 유독 이창동의 인물들은 다들 주민등록번호와 주소가 정확히 찍힌 주민등록증을 하나씩 지갑 안에 넣고 우리 주위에 섞여서 살아가고 있다는 느낌이다.

이야기꾼으로서 이창동의 힘은 어디서 오는가. 위선을 걷어내고, 덕담을 걷어내고, 자기 연민을 걷어내고, 내 밑바닥을 드러내 보이고 남의 마음을 들춰내는, 사탕발림을 허용치 않는 냉혹한 솔직함, 그것이 이창동을 우리 시대 최고의 리얼리스트로 만드는 재능 아닐까.

조선희　　2002년 인터뷰를 이번에 다시 보니까 '오아시스'가 8월 15일에 개봉했더라고요. 개봉하기 전 시사회 다음날 인터뷰를 해서 그랬는지 그때는 감독님도 상당히 상기되고 좀 긴장하신 것 같았어요. 영화의 주제가 민감한 지점들이 있어서 더 그랬을 것 같기도 합니다. 사실 그때는 감독님이나 저나 사십 대여서 패기랄까 치기랄까, 감독님이 아니고 제가……. (웃음) 지금 보면 참 이렇게 했나 싶을 정도로 얼굴이 화끈거리더라고요.

이창동　　저 역시 패기는 당연히 있었을 거예요. 패기 빼고는 아무것도 없었으니까……. (웃음) 물론 치기도 있었을 거고……. 패기라는 게 원래 치기를 동반하는 거니까요. 말하자면 하기 어려운 걸 굳이 하겠다는 생각이었어요. 영화적으로 하기 어렵다는 뜻도 있지만, 사람들의 상식 또는 관습적인 생각과 부딪쳐보겠다는 것이었지요. '오아시스'는 거기에서 출발한 거였거든요. 그 안에는 장애인 문제가 있고, 젠더 이슈, 폭력의 이슈도 당연히 있었죠. 그런데 이상하게도 그때 당시에 논란이 있기는 했지만 제가 생각했던 것만큼 거부감은 안 일어났어요.

　　그때 인터뷰하면서 제가 좀 긴장하고 있었다면, 아마도 그런 것들에 대한 긴장이었을 거예요. 또는 시사회 직후 '사람들이 왜 이렇게 잘 받아들여주지?'라는 약간의 의아함 같은 게 있었을지도 몰라요. 영화를 공개하기 전에는 영화에 대한 저항이랄까, 이런 것을 훨씬 더 크게 예상했는데, 오히려 약간 색다른 멜로처럼 받아들여지는 분위기에 좀 놀라고 있었죠.

조선희　　그때는 겨우 한두 번쯤 시사를 한 다음이어서, 이를테면 여성계의 반응이라든가 장애인 단체의 반응 같은 건 아직 나오기 전이었을 것 같아요.

이창동　　부분적으로 나오긴 했어요. 첫 시사회 때 장애인

분들을 초청했거든요. 예를 들면 문소리가 이 영화를 위해서 취재하고 친구처럼 가깝게 지내면서 봉사한 뇌성마비 장애인 두 분을 초대하고, 또 그분들이 지인들하고 같이 오셨는데, 그 반응도 반반이었어요. 거부 반응도 있었고 이해할 만하다는 반응도 있었고……. 그래도 제가 예상했던 것보다는 훨씬 낮은 수준이었죠. 본격적인 반응은 아니지만, 공기는 느낄 수 있었죠.

조선희　　　영화를 제작하는 과정에서 관계를 가졌던 분들이니까 아무래도 좀 우호적인 반응을 보인 것이 아니었을까요?

이창동　　　그럴 수도 있는데, 바깥에 있는 조선희 씨 같은 분도 굉장히 우호적으로 영화를 봐주어서…….

조선희　　　저는 팬클럽 회장인데 우호적이죠. (웃음) 그때 모 평론가가 《씨네21》에 아주 공격적인 비평을 기고하면서 거기에다가 저를 "팬클럽 회장"이라고 썼지요. 혹시 그 평론 보셨나요?

이창동　　　안 봤어요.

조선희　　　너무 재밌다. 어디에서 제가 읽었는데, 감독님이 그날 문제의 그 평론을 읽고 영상원 강의를 휴강하고 집에 갔다더라, 이런 말이 있던데 사실이 아니겠네요?

이창동 저도 그런 소문이 인터넷 사이트에 떠돈다고 들었어요.

조선희 그런데 아직까지도 안 읽으셨어요? 그건 좋은 태도입니다. 안 읽으셨으면 그 이유가 뭘까요? 평소에도 그분 평론을 안 읽는다, 이런 건가요? 아니면 평론은 원래 안 읽는다는 건가요?

이창동 대체로 평론은 잘 안 읽어요. 국내나 국외 평이나 대체로 안 읽는데, 믿거나 말거나 저는 아주 극찬하는 평일수록 안 읽어요. 왜냐하면, 왠지 제가 좀 뭐라고 할까…….

조선희 스포일 될 것 같아서?

이창동 스포일 될 것도 같고, 저한테 약간 해로울 것도 같고……. 뭔지 모르지만 읽는 게 불편해요. 극찬도 그렇고, 대놓고 공격하는 글도 안 읽어요. 그건 저한테…….

조선희 독이 될 수가 있죠.

이창동   읽다 보면……. 뭔지 모르고 읽다가, 칼날이 푹 들어오는 걸 느끼잖아요. 그게 이 나이가 돼도…….

조선희   적응이 안 되죠.

이창동   피가 나요. 그게 해로워요. 빨리 아물고 받아들이면 좋은데, 뭐랄까 저한테 안 좋은 영향을 남기는 거죠. 물론 도움이 되는 평도 있거든요.

조선희   비판적이되…….

이창동   비판적이든 약간의 칭찬을 하든, 뭔가 새로운 걸 일깨워주고 쓴 약처럼 도움이 되는 평은 고맙게 생각하고 읽는데, '누가 아주 극찬을 했다더라.' 이러면 잘 안 읽게 돼요. 읽는데도 굉장히 조심하고요.

조선희   감독님의 정신력은 제가 존경할 수밖에 없네요. 저는 어디서 이렇게 호평을 한 거는 읽고 또 읽는데……. 그래야 좀 기운이 나서…….

이창동   호평 정도는 읽을 수 있죠. 그런데 '아주 잘 썼다.' 하는 건 좀 위험하게 느껴진다고 할까……. 그럼 잘 안 읽으려고 하죠.

조선희　　　작품에 대한 논란, 이 얘기는 뒤에 다시 해야 할 것 같아요. '오아시스'에 대해서 피할 수 없는 중요한 문제니까요……. 그전에 먼저 '오아시스'라는 영화를 왜 만들었나? 무슨 생각으로 이런 영화를 만들고자 했나? 그 질문부터 시작하고 싶어요. 그런데 그 질문에 들어가기 전에 처음부터, 서론부터 체계적으로 얘기를 시작해볼게요.

　제가 이 영화에 대해 감독님과 인터뷰할 때가 40대였고, 시사회에서 영화를 본 다음 날 약간 흥분되고 달떠 있는 느낌이 있었는데, 이제 20년이 지나서 이미 성적표도 다 나왔잖아요. 찬반양론도 다 나왔고, 흥행 성적도 다 나왔고, 어느 영화제에서 상을 받았는지, 그런 평가와 반응들이 다 결정되고 난 다음에 20년쯤 거리를 두고 인터뷰하는 것도 나름대로 의미가 있는 것 같아요. 그때는 현장에 얼굴을 박고 있는 상태였다면, 지금은 이를테면 '드론 샷'이라고 해야 할까, 부감으로 현장을 내려다보는 정도의 거리가 생겼죠. 살짝 초연해질 수 있는 정도의 거리를 확보하고 이야기를 한다는 게 좋은 것 같아요.

　다시 그때 인터뷰하던 제 입장을 생각해보면, 《씨네21》이란 잡지의 상황과 당시 한국 영화의 상황이 다 연결되어 있거든요. 《씨네21》이 1995년에 창간됐는데, 당시 한국에서 만들어지는 영화가 연간 50편쯤 됐죠. 일 년이 52주인데, 설하고 추석 빠지고 나면 50번 만드는 거예요. 영화가 50편 나오는데 어떻게 영화 주간지를 50번을 만들 수 있겠어요? 그건 불가능한 얘기거든요. 우리가 무모한 시도를 한 거죠. 영상문화 시대로 간다는 캐치프레이즈만 요란했지, 실제로 한국 영화의 상황을 보면 그렇게 전망이 밝지 않았어요.

그런데 1996년부터 뭔가 분위기가 달라지더라고요. 부산국제영화제도 생기고, 한예종 영상원도 생기고, 무엇보다 1996년부터 이를테면 강제규의 '은행나무 침대', 홍상수의 '돼지가 우물에 빠진 날', 김기덕의 '악어', 임순례의 '세 친구', 그리고 단명한 기대주였던 이광모의 '아름다운 시절', 이창동의 '초록물고기', 임상수의 '처녀들의 저녁식사', 김지운의 '조용한 가족' 등……. 이창동, 홍상수, 임상수, 김지운, 임순례 이런 감독들이 막 나오는 거예요.

우리로서는 어떻게 1년에 50번을 만드나, 막막한 상태에서 창간했는데, 1996년부터는 말하자면 '땟거리'라 할 만한 일용할 양식들이 계속 공급된 거죠. 그러니까 얼마나 반가웠겠어요? 문제작 하나 나오면 그걸로 3~4주를 얘기하게 되는 거예요. 아까 모 평론가가 저를 이창동 감독의 팬클럽 회장이라고 야유했다고 했는데, 저뿐만 아니라 그때 《씨네21》기자들로서는 모든 문제작 감독의 팬클럽이 될 수밖에 없었어요. 당시에 로맨틱 코미디가 한국 영화 시장을 주도하고 있었는데, 이창동처럼 시대의 질문에 응답하는 감독이 나왔다는 게 반가울 수밖에 없었지요.

감독님은 데뷔하기 전에 박광수 감독의 조감독을 하고, '그 섬에 가고 싶다'와 '아름다운 청년 전태일'의 각본을 쓰셨잖아요. 그래서 이창동 감독은 이런 영화를 찍을 거다, 하고 약간 넘겨짚고 예단한 게 있었는데 실제로는 다른 어떤 특색을 가지고 나오셨어요. 그래서 더 반가웠는데, 감독님은 데뷔하실 때 장선우, 박광수 같은 선배들이 있는 영화판에서 나는 어떤 영화를 하고, 어떤 식으로 발언을 하겠다고 생각하셨는지, 그 얘기부터 시작해볼까요?

이창동   사실 저는 이러이러한 감독이 돼야겠다 하는 목표나 방향성 같은 건 없었어요. 사람들은 제가 작가 출신이니까 뭔가 진지한 영화를 만들 것이라고 기대했겠죠. 장선우나 박광수 감독처럼요. 그러나 분명치는 않았지만, 나는 그런 쪽은 아니라고 생각했어요. 저는 대중들과 가깝게 만나는 영화를 만들고 싶었고, 그 욕망이 굉장히 강했던 것 같아요. 당시의 한국 영화에 대해서도 대중이 거리를 두고 있다는 것에 대해 '대중의 정서를 어떻게 움직일 것인가' 같은 문제의식이 있었고요. 그때 저는 가까운 사람들한테 "원래 영화는 천박한 매체다." "영화를 만들려면 영화의 천박함을 일단 받아들여야 한다." 같은 식으로 농담 삼아 얘기하곤 했어요. 영화가 무엇을 전하든 대중과 길항을, 밀고 당기기를 해야 된다, 다른 말로 하면 소통해야 된다고 생각했죠. 무슨 이야기를 하든 항상 대중하고 부딪히면서, 대중과의 긴장 속에서 저만의 방식을 찾으려고 했죠.

조선희   그렇다면 대중과의 소통이라는 점에서 '오아시스' 같은 영화를 왜 하려고 했는가, 하는 질문으로 넘어가 보죠.

이창동   '오아시스'의 최초 아이디어가 생긴 건 2000년도에 칸에 갔을 때였어요.

조선희   그때 '박하사탕'이 비경쟁 부문에 초청되었죠?

이창동   비경쟁인 '감독 주간' 부문이었죠. 아무튼 칸 영화제 자체가 저에겐 충격이었어요. 지중해의 바다, 하늘, 햇빛도 그렇고, 영화제 자체가 비현실의 세계인 거예요. 그때 제가 직관적으로 느낀 건, '칸은 레드 카펫을 위해 존재하는 영화제구나.'라는 것이었어요. 칸의 주인공은 영화인도 관객도 아니고, 그 선홍색 레드카펫이에요. 칸 영화제에서 영화 시작하기 전에 나오는 그 유명한 트레일러도 레드카펫이지요.

조선희   계단이 바닷속에서 상승하는 영상이지요?

이창동　　바닷속에서부터 하늘, 천상까지 올라가잖아요. 그게 칸 영화제를 짧게 상징적으로 드러내는 거라고 봐요. 또 그해 제가 느낀 충격 중 하나는 켄 로치 감독을 먼발치에서 본 거였어요.

조선희　　'빵과 장미'가 그때였나요?

이창동　　그렇죠. 켄 로치 감독이 턱시도에 보타이를 매고 레드카펫 위에서 수많은 카메라 앞에서 손을 흔드는 걸 먼발치에서 봤는데, 저에게는 그 모습이 충격이었어요. 뭐랄까, 순진한 시골 청년이 여태 품고 있던 환상이 깨지는 듯한 느낌? 제가 알고 있는 켄 로치의 영화 세계, 그의 영화에 등장하는 인간들의 삶과 턱시도에 보타이 매고 눈부신 카메라 플래시를 받고 있는 그의 모습이 너무 달랐던 거죠. 제가 참석한 감독 주간에도 짧은 레드카펫이 있기는 했지만 그쪽은 보통 영화제와 별다를 바가 없었거든요. 그런데 여기는 도대체 뭐지? 싶은 거예요. 지금은 저도 길들여졌지만, 그때는 그랬어요.

조선희　　그해 칸에서 가장 화제작이 라스 폰 트리에의 '어둠 속의 댄서'였죠?

이창동　　그렇죠. 모두가 그 영화 이야기를 하고 있었어요.

표 구하기도 엄청 힘들었는데, 겨우 표를 구해서 들어갔죠. 턱시도 입고……. 영화가 끝나고 밖으로 나와서 극장 앞 바글바글한 사람들 속에서 약간 멍하게 서 있었어요. 햇빛은 눈부시게 쏟아지고, 멀리 지중해 바다는 보이고……. 그때 느낀 그 멍한 느낌은 영화가 준 일종의 충격이었는데, 이게 도대체 뭔가 싶은 거예요. 영화의 내용은 아주 현실적인 미국의 이주 노동자 이야기였고, 사형 제도를 폐지하자고 주장하는 이야기였어요. 그런데 영화는 제가 기대하고 예상했던 것과는 완전 달랐죠.

라스 폰 트리에는 영화는 현실을 정직하게 찍어야 한다며 '도그마95'를 선언한 감독이잖아요? 그런데 영화를 보는 내내 '이건 영화라는 판타지다.'라는 느낌이 들었어요. 마치 블록버스터 뮤직비디오, 상상하기 어려운 규모의 뮤직비디오 같은……. 그 영화가 주는 판타지에 빠져 있다가 밖으로 나왔더니 극장 밖의 풍경 자체가 판타지고 비현실로 느껴진 거예요. 그리고 모든 영화가 판타지라는 생각이 들었어요. 그 순간 저도 판타지에 대한 영화를 만들어야겠다고 마음먹었던 거죠. 다른 영화들처럼 판타지를 주는 영화가 아니라, 판타지에 대해 질문하는 영화. 그게 '오아시스'의 출발이었죠.

조선희　　관객들한테 판타지를 질문하기 위해서 이런 러브 스토리가 필요했다는 것이지요?

이창동   우리가 인생에서 경험하는 대표적인 판타지가 사랑이죠. 사랑은 주관적이잖아요. 두 사람만의 판타지니까. 그래서 관객들한테 판타지를 질문하기 위해서는 러브 스토리여야 되겠다고 생각했죠. 두 사람에게는 사랑이지만, 객관적으로는 결코 사랑일 수 없고 심지어 범죄로 받아들일 수 있는 그런 러브 스토리. 그리고 그건 영화라는 매체와 서로 대응하는 이야기가 되어야 한다고 생각했어요. 무슨 말이냐 하면, 영화도 판타지를 주잖아요. 그렇지만 저는 관객이 도저히 받아들이기 힘든 판타지를 주면서 과연 그래도 그걸 받아들일 수 있는지 보고 싶었고, 받아들인다 해도 스스로 질문하게 되는, 그런 영화를 해봐야겠다고 생각한 거죠.

조선희   그 두 사람만의 사랑이란 판타지도 문소리, 설경구 두 배우가 아니었으면 가능하지 않았겠구나 하는 생각이 들어요. 특히 문소리의 연기는 한계를 넘는 것처럼 느껴집니다.

이창동   어쩌면 처음부터 무모한, 가능하지 않은 발상이었는지 몰라요. 그걸 두 사람이 가능하게 해줬죠. 특히 문소리한테는 여배우로서 엄청난 불안과 공포가 있었어요. 혼자 오래 준비하고 연습했는데도, 막상 남들한테 보여주기에는 강력한 심리적인 벽이 막고 있었고요. 그걸 넘어서고 촬영에 들어간 뒤에도 매 순간이 한계와의 싸움이었죠. 몸을 심하게 비틀어야 할 뿐 아니라 그 위에서 섬세한 내면의 감정을 드러내야 하니까. 어떤 배우도 그 이상을 할 수는 없었을 거예요.

조선희   설경구 역시 다른 어떤 작품보다도 화면 속에서 진짜 살아 있는 실감을 보여주는 것 같아요.

이창동   설경구에게는 시나리오 나오기 전에 "추운 한겨울 거리에서 여름 남방을 입고 가게를 돌아다니며 생두부를 찾는다."는 첫 장면의 이미지만 얘기해줬죠. 시나리오가 나오고 나서는, 공주와의 정사 장면에서 "겨울 내복을 벗는데 갈비뼈가 보인다."라는 지문만 읽고 스스로 10킬로그램 이상 체중을 뺐고요. 그 직전 영화인 '공공의 적'에서 살을 찌웠기 때문에 실제로는 20킬로그램 이상 빼야 했어요. 그 정도로 열의가 있었지만, 사실은 쉽지 않았어요. 그 친구는 코드가 꽂혀야 하고, 일단 코드가 꽂히면 연기하는 게 아니라 그 인물로 사는 유형인데, 홍종두란 인물이 싫은 거예요. 그래서 많이 버거워했고, 실제로도 제가 보기에 촬영하는 동안 내내 힘들어했어요. 그래도 저는 개인적으로 '오아시스'의 설경구를 제일 좋아해요.

조선희   한 사람은 연기하는 배우 자신도 싫어하는 사회 부적응자인 전과자고 다른 한 사람은 뇌성마비 장애인인데,

어쨌든 이런 사람들이 서로를 사랑하는 걸 관객이 납득하게 만들어야 되잖아요. 감독님은 그 사랑을 관객한테 설득하기 위해서 두 사람 다 절박하게 외로운 사람들이라는 설정 외에 어떤 절차와 장치를 동원했나요?

이창동   관객을 설득하려고 하지 않았죠. 사실 이게 핵심인데, 이 영화가 사랑이라는 판타지, 영화에 대한 판타지를 질문하는 거라고 했잖아요? 받아들이기 힘든 두 사람의 사랑을 보여주면서 받아들일 수 있느냐 없느냐를 묻는 거니까, 쉽게 설득하는 방법을 쓰면 안 된다고 생각했죠. 사랑이라는 판타지를 놓고 관객을 너무 판타지 속으로 끌어들이거나 밖으로 밀어내지도 않으면서, 그 경계선에서 끊임없이 부딪치고 싶었어요. 관객을 설득하고 감정 이입을 유도하는 방법이나 영화 문법은 무수히 많거든요. 그냥 아주 쉽게 음악만 깔아줘도 관객은 감정적으로 이입할 수 있고, 그들이 사는 누추한 공간이라 할지라도 조명만 바꾸면 얼마든지 정감 있게 전달할 수 있어요. 하지만 '오아시스'에서는 조명도 아무 느낌이 없는 누리끼한 현실의 나트륨 등을 일관되게 그대로 가져가는 식이었죠.

조선희   일부러 로맨틱한 장치 같은 건 만들지 않았다는 것이군요.

이창동　관객은 판타지를 기대하고 영화를 보러 오죠. 저는 '그 판타지란 무엇인가.'를 질문하고 싶었기 때문에 관객이 기대하고 원하는 것과 끊임없이 부딪쳐야만 했어요. 그게 관객을 불편하게 하겠죠. 그렇지만 그게 제 의도였기 때문에, 그 불편함의 끝까지 가서 결국 관객이 받아들일 수 있느냐 없느냐에 대한 문제였던 거죠. 처음부터 끝까지 핸드헬드로 촬영한 것도 그런 의도라고 할 수 있어요. 화면의 프레임이 계속 미세하게나마 흔들리면서 뭔가 불안정한 거친 느낌을 주고, 뭔가 구도를 깨려고 하고, 현실과 판타지, 현실과 영화의 경계를 느끼게 하고 싶었죠.

조선희　영화적인 장치들, 그러니까 조명이라든가 음악이라든가 배경이라든가 이런 것들을 동원하지 않았다, 거기에다 핸드헬드 카메라까지는 100% 이해하겠어요. 그런데 서사의 문제가 남죠. 시나리오는 어쨌든 두 사람의 사랑을 통해 결국 관객을 설득하는 서사가 필요하잖아요?

이창동　관객을 설득하는 이야기를 만들려고 하기보다 그 두 인물의 상황을 최대한 자연스럽게 따라가려고 했어요. 제가 머릿속으로 구상한 이야기가 아니라, 그런 상황에 있는 외로운 두 사람이 만났을 때 일어날 수 있는 일을 자연스럽게 따라가는 이야기여야 한다고 생각했죠.

조선희　　　그러니까 상황의 리얼리티를 하나하나 쌓아가는 과정이라는 뜻인가요?

이창동　　　그렇죠. 사람들이 느낄 때 '아, 저건 진짜야.' 하고 받아들이는 이야기라야 한다고 생각했지, 설득하는 이야기는 아니었다는 뜻이에요. 사랑을 받아들이도록 하거나 사랑을 설득하는 게 아니라 처음부터 끝까지 '이게 정말 사랑일까.' 하는 질문을 멈추지 않는 이야기인 거죠. 예를 들면, 종두가 나뭇가지를 자르는 결말만 해도 그래요. '나뭇가지를 자른다고 저게 뭘 해결해줘?' 하고 의심할 수 있죠. 또 마지막에 경찰서를 탈출한 종두가 공주에게 전화하기 위해 길 가는 여자의 전화기를 뺏으려고 쌍욕을 하며 협박하잖아요. 아무리 다급한 상황이라도 보통 사람은 그렇게 안 하죠. 종두는 그런 놈인 거예요. 관객들의 감정 이입을 목표로 했다면 사실 그 장면을 순화시키거나 빼야 했겠죠. 그렇게 계속 관객에게 일깨우는 거예요. '얘는 원래 이런 놈이야.' 그러니까 설득하기 위한 장치는 아니었다는 거죠.

조선희　　　그래도 그 상황의 리얼리티 때문에 결국 관객이 설득되거든요. 예를 들어, 종두가 처음에 여자 발을 처음 만져본다고 얘기하면서 공주의 발을 만지잖아요. 그런 장면은 미수에 그치는 강간의 죄를 조금 사해주는, 그러니까 장차 이

행위를 사랑으로 발전시키기 위한 전제 아닌가요?

이창동　　그건 단순히 종두의 패티시라고 봐도 될 거예요.
물론 그것이 사랑으로 발전할 만한 감정일 수도 있겠지요. 종
두는 뇌성마비를 지닌 공주 같은 여자를 보고 어린아이들처
럼 연민이나 관심을 느낄 수 있는 캐릭터죠. 원래 종두는 다
른 사람한테 지나치게 참견하고, 안 해도 되는 인사를 하고,
말을 걸고……. 그러니까 소통하고 싶어 하거든요. 우리가 흔
히 사회 부적응자라고 생각하는 사람들 중에 그런 사람이 있
어요. 제 주변에도 있어요. 종두는 말하자면 지나치게 소통하
려고 하는 인간이에요. 그런 종두가 공주 같은 사람을 보고
지나치게 관심을 가지게 되었고, 그래서 굳이 꽃을 들고 다시
찾아간 거죠. 그렇다 하더라도 성폭행의 충동을 느끼는 데에
는 어떤 계기가 필요한데, 절제가 안 되는 내부의 충동이 공
주의 발로 촉발되었던 거죠.

조선희　　공주의 판타지 장면, 이를테면 코끼리와 함께 춤
추는 장면이나 지하철 플랫폼에서 노래 부르는 장면 등은 어
떤가요? 그런 장면을 보고 관객은 어쩔 수 없이 감정 이입을
하게 되거든요.

이창동　　그 장면들 또한 관객들은 감정적으로 이입할 수

있겠지만, 동시에 저로서는 관객들에게 질문하는 거였어요. 이게 판타지인데, 그러나 당신들이 기대하는 판타지는 아닐 거다. 이 판타지를 얼마나 받아들일 수 있는가……. 판타지와 현실의 경계, 그 긴장이 굉장히 중요했어요. 어쨌든 이 영화의 서사는 만들었다기보다 발견한 거라고 말할 수 있어요. 그리고 그 발견은 나무 때문이었어요. 나무 그림자를 없애는 이야기를 만나면서 이야기가 생명을 얻게 된 것이었죠.

조선희　　최초의 모티브가 그거였나요?

이창동　　받아들일 수 없는 러브 스토리, 판타지와 영화에 대해 질문하는 이야기를 해야겠다는 건 그냥 논리적으로 생각했던 것에 불과했죠. 그러다가 이게 이야기가 되겠다고 생각한 건, 벽걸이 카펫 위를 덮고 있는 나무 그림자, 그 그림자를 없애기 위해 나뭇가지를 자르는 이야기라는 걸 알게 되면서였어요. 저는 그때 제가 이야기를 만든 게 아니라 원래 있던 이야기를 발견했다는 느낌이 들었어요. 관객을 설득하려고 만든 게 아니라 필연적인 결말을 가지고 있는 이야기라는 느낌이었죠.

조선희　　두 사람의 사랑을 방해하는 빌런이 양쪽 가족이라는 게 영화를 보는 관객들을 고통스럽게 만드는 지점 중 하나인 것 같아요. 감독님은 그동안 폭력이라는 문제를 집요하게 다뤘는데, 그게 개인의 폭력일 수도 있고 '박하사탕'에서는 국가의 폭력이 되기도 했지요. '오아시스'에서는 가족 내부의 폭력이었고요. 그게 저는 오히려 '박하사탕'에서의 그것보다도 더 끔찍하게 느껴지더라고요. 가령 5.18이라든가 군사정권의 폭력, 인권 유린 같은 건 우리가 다 알고 있는 뉴스들이잖아요. 그런데 가정 안에 은폐돼 있는 폭력은 너무나 비열하고, 끔찍하고, 완전 범죄이고, 어디 가서 호소하지도 못한다는 것이죠. 그게 너무나 리얼하게 그려져서 이 영화가 그 가해자 그룹에 관객들 자신을 투사하게 만드는 것 같아요. 관객이 사랑하는 두 사람한테 감정 이입을 하게 되는 게 아니라, 엉뚱하게도 그 두 사람을 둘러싼 폭력적인 가족들의 비열함을 보면서 자기 자신을 되돌아보게 되거든요.

이창동 공주 가족의 은폐된 폭력이 리얼하게 느껴져서 더 힘들었다고 그러셨는데, 리얼한 게 무엇보다 중요하죠. 리얼하지 않으면 모든 게 설정이에요. 영화에서 우린 수많은 설정을 보잖아요. 설정된 폭력, 설정된 악, 이런 것들은 관객에게 아무 영향을 안 줘요. 그냥 설정된 거니까요. 그게 관객에게 영향을 주려면 '참 현실적으로 그렸네'가 아니라, 영화 속의 이야기가 스크린 밖으로 나와서 나의 현실이 되어야 해요. 그러면 관객이 불편해지죠. 아무리 리얼하게 그려도 나하고 관계가 없으면 불편하지 않아요. 그냥 더 재미있게 볼 수 있는 하나의 중요한 요소가 되죠.

저에게는 실제로 뇌성마비 누나가 있어요. 그래서 그런 리얼리티를 몸으로 알아요. 가족 중에 중증 장애인이 있으면 가족이 다 그 장애의 짐을 나누어 져야 되거든요. 어쩌면 공주의 오빠도 충분히 희생하면서 살았을 수 있어요. 공주 오빠는 어쩌면 자기는 상식적으로 산다고 생각하는지도 몰라요. 이름도 상식이잖아요. 종두네 가족도 마찬가지죠. 형수가 그러잖아요. 삼촌 정말 싫다고.

조선희   그러면서도 상처에 빨간 약도 발라주잖아요.

이창동   다 큰 시동생한테 약 발라주는 형수가 누가 있어요?

조선희   그 형수 정도면 굉장히 훌륭한 사람이죠. 그 사람은 심지어 솔직하다는 미덕까지 갖고 있잖아요. 어쨌든 '오아시스'의 결정적인 장점은 그런 디테일의 리얼함인 것 같아요. 등장인물들의 대사나 태도 등이 한국 사회에서, 우리 주변에서 보는 것들을 소름 끼칠 정도로 잘 드러내고 있죠. 그런 장면들이 많지만, 예를 들어서 맨 마지막에 종두가 경찰서에 잡혀간 뒤 공주네 가족하고 종두네 가족이 만나잖아요. 거기서 한상식이라는 사람이 얼마나 최악의 빌런인가 하는 게 다시 한번 시전이 되는데, 한상식하고 종두의 두 형제 사이에 오가는 말과 리액션 같은 것들이 치밀한 심리전의 양상을 띠거든요. 이득을 취하려는 쪽과 손실을 보지 않으려는 쪽 사이의 치열한 접전을 너무나 민감하고 섬세하게 다뤄내잖아요.

이창동　　　중요한 것은 그 사람들이 최악의 빌런처럼 느껴져도 특별히 사악하거나 이기적이지 않다는 거예요. 장애인이나 그 가족의 문제는 상상력이나 관념만으로 접근할 수 없고, 그 리얼리티가 중요해요.

조선희　　　뇌성마비 누나 얘기를 하셨는데, 그 누나로부터 한공주의 캐릭터가 나왔나요?

이창동　　　저의 친누나 성격이 한공주하고 비슷해요. 되게 낙천적이죠. 남의 눈을 별로 신경 안 써요. 잘 웃고 잘 돌아다니고 그랬어요. 원래는 뇌성마비 장애를 가진 분, 특히 여자는 밖에 잘 못 나옵니다. 본인이 안 나오려고도 하고, 일단 거동이 불편하니까 힘들죠. 그런데 제 누나는 선천적인 뇌성마비는 아니었고 서너 살 때인가 심한 홍역을 앓고 후유증으로 뇌성마비가 왔거든요. 그래서 상체는 비틀렸는데 하체는 좀 성한 편이에요. 그러니까 돌아다닐 수 있는 거죠. 그런데 그때는 애들이 따라다니면서 놀리고 그랬어요. 바보, 바보, 하면서 돌도 던지고……. 그때는 정말 애들이 사악했어요.

조선희   원래 애들이 사악해요. 감정이 솔직하니까.

이창동   그러면 저는 항상 싸우는 거죠. 우리가 이사를 많이 다녔거든요. 셋방을 전전하느라고 이사를 자주 다녔는데, 새로운 동네에만 가면 아이들하고 싸웠어요. 그래서 친해질 수가 없었어요. 아이들은 저를 '바보 동생'이라고 불렀죠. 저와 아이들 사이에는 항상 누나라는 벽이 있었어요. 그래서 어릴 때 늘 외로웠고, 그 외로움 때문에 혼자 글을 쓰기 시작했어요. 눈에 보이지 않는 그 누군가와 소통하고 싶었던 거지요.

조선희   이 영화의 주인공들도 외롭죠. 가장 외로운 자들이 할 수 있는 사랑을 하죠. 그런데 그들의 외로운 사랑을 관객에게 설득하는 결정적인 장면이 공주가 종두에게 전화하는 장면인 것 같아요. 반전의 포인트이기도 하고, 영화의 전반부에서 후반부로 넘어가는 중요한 전기가 되는 장면이기도 해요. 어떤 면에서는 감정 전달이 어긋날 수도 있고요. 무엇보다 말씀하신 대로 이런 사랑도 사랑이냐 하는 질문의 출발이 되는 장면이죠.

이창동   그 장면은 공주가 화장대 앞에서 쪼그리고 앉아
전화하는 장면이에요. 그 앵글을 잡기 위해서 몇 시간을 보
냈어요. 콘티에 나와 있는 건 "쪼그려 앉아 전화하고 있는 공
주 부감 샷."이 전부였어요. 이렇게 찍으나 저렇게 찍으나 크
게 달라지지 않는 거죠. 그런데도 카메라를 이렇게 잡을까,
어디까지 잡을까, 카메라를 들고 쪼그려 앉은 공주 주위를 뱅
뱅 돌면서 몇 시간을 보냈던 게 기억이 나요. 말씀하신 대로
영화 전체에서 감정적 전환이 이루어지는 중요한 계기가 되
는 샷인데, 그 감정을 잘 보여주는 샷이 무엇일까, 그걸 고민
했던 건 아니었어요. 그건 그렇게 어렵지 않아요. 클로즈업을
쓴다든가, 말하자면 영화적인 방법들이 있어요. 그런데 저는
그렇게 하기가 싫었던 거예요. 그러니까 이게 문제가 복잡해
지는 거죠.

조선희   복잡해요. 너무 복잡해. 영화를 따라가는 우리 관
객 입장에서는 그 감정이 쉽게 이해가 되면 되는 거거든요.

이창동   그 감정을 전달할 효과적인 샷을 찾기 위해서 몇
시간을 헤맨 게 아니고 그걸 넘어서는 무언가를 찾고 있었던
건데, 그게 말로 설명하기가 힘든 거예요. 현장에 있는 스태
프들 모두가 지쳐 기다리면서도 감독이 무엇 때문에 고민하
는지를 몰랐죠. 문제가 없는데 왜 저러는가, 단순하고 쉬운

장면을 왜 이렇게 몇 시간 동안 고민하고 있을까……. 그 속에 제가 '오아시스'라는 영화를 만들면서 처음부터 끝까지 관통했던 본질적인 고민이 있었던 거예요. 관객이 쉽게 이입되고 감정적으로 설득되도록 하는 방법을 쓰지 않으면서, 다시 말하자면 판타지로서의 영화적 방식이 아닌 것으로 공주의 감정을 전달하려면 어떻게 해야 하나…….

조선희   그걸 촬영감독한테 어떻게 설명할 수 있을까 싶네요. 지금 감독님과 인터뷰를 하면서도 미궁으로 들어가는 것 같거든요.

이창동   이 영화는 처음부터 끝까지 그런 미궁 같은 질문을 하면서 찍은 영화였어요. 최영택 촬영감독은 제가 처음에 영화적인 컨셉을 이야기하니까, "감독님, 정말 끝까지 그렇게 할 수 있겠어요?" 하고 물었어요. 그러니까, 그게 쉽지 않다는 걸 이해하는 친구였어요. 영화적인 판타지에 저항한다, 영화적으로 감정 이입이 되고 멋있고 좋아 보이는 것을 피한다는 건 말로는 이해할 수 있지만, 개별적인 장면에 들어가면 말로 설명할 수 있는 게 아니고 순전히 감각적인 게 되거든요. 영화적인 것도 피하고 멋있어 보이는 것도 피할 수 있는데, 그럼 해야 할 것은 뭐냐? 그건 답이 없는 거죠.

조선희   정말 보이지 않는 경계를 찾아가야 하는 거네요.

이창동   보이지 않는 경계는 영화의 내용과도 연결되어 있는 문제였어요. 그러니까 장애인, 소수자의 문제, 폭력의 문제 등등을 다루는 데 있어서의 어떤 고정된 시선, 만들어진 시선, 우리가 너무 쉽게 받아들이거나 어느 한쪽을 선택할 수 있는 시선……. 그것에서 벗어나고 싶었던 거예요. 저한테는 그게 중요했어요. 포기할 수가 없었어요. 처음에 '오아시스' 홍보 자료의 '감독의 변'에도 그렇게 썼어요. "이 영화는 경계에 대한 영화다."라고. 현실과 판타지의 경계, 현실과 영화의 경계, 또는 장애인과 비장애인의 경계, 상식과 비상식의 경계……. 우리의 삶 속에 있는 수많은 경계들이 있잖아요. 그 경계들을 관객에게 질문하고 느끼게 하고 싶었어요. 처음부터 끝까지 핸드헬드 카메라를 쓴 것도 그 경계를 자꾸 일깨우기 위해서였죠.

조선희   어쨌든 러브 스토리라는 관점에서 보면, 또 감독님의 다른 영화들과 비교하면 저는 '오아시스'가 너무나 희망찬 영화로 보여요. '오아시스'란 제목도 그렇고, 영화 자체도 두 사람이 굉장히 노력해서 어떤 신기루 같은 사랑을 구축하잖아요. 그래서 저는 다른 영화들에 비해서 오히려 '언해피엔딩 속의 해피엔딩'이라고 느껴지거든요. 남자는 누명을 쓰고 감옥에 가고 여자 혼자 남으면서 헤어지게 되는데, 그래도 두 사람의 안정적인 관계를 보여주는 걸로 끝나잖아요. 다른 영화는 그 정도의 해피엔딩도 없었던 것 같아요.

이창동　　다른 영화에 비하면 그렇죠.

조선희　　적어도 주인공이 죽지는 않잖아요. 죽지 않고, 가장 불가능해 보이는 관계였는데 어떤 희망적인 느낌으로 마무리를 한다는 거죠.

이창동　　저는 결말에서 그런 희망을 느낄 수도 있다고 봐요. 그러니까 그 정도로 열려 있는 거죠. 그 열린 결말에 대한 긍정적인 해석도 당연히 이 영화 안에 있다고 봐요. 하지만 그게 정해진 답은 아닐 거예요. 왜냐하면, 그에 대한 반론이 금방 있을 수 있거든요. 그게 정말 사랑이야? 이 사람들은 왜 이걸 사랑으로 받아들이지? 그런 의문이 금방 들죠. 종두가 누명을 썼다고 하셨는데, 누명을 쓴 게 아니에요. 종두 입장에서는 이미 자기가 성폭행을 했죠. 그때는 미수였지만, 지금 벌을 받는 것은 사실 그때의 처벌이 유예된 거예요. 마지막에 문제의 정사 장면을 보면 종두가 실제로 강간하는 것처럼 보여요. 그러니까 뇌성마비가 있는 공주가 어떤 감정이었든, 겉으로 보기에는 "마치 그녀가 강제로 고통을 당하고 있는 모습처럼 보인다."라고 시나리오 지문에도 쓰여 있어요.

이 영화가 판타지에 대해서 질문하는 영화라고 했잖아요. 그런데 영화라는 판타지가 무엇인가라는 질문은 결국 소통에 대한 질문이거든요. 영화가 진짜 소통할 수 있는 매체인가, 이런 사람들의 사랑도 받아들일 수 있는가, 그런 질문을 하고 싶었던 거죠. 그중에 가장 사람들이 받아들이기 어려운 것이 성폭력 문제라고 봤어요. 그 문제는 사랑의 본질에 대한 질문과 연결되죠. 남녀의 사랑을 들여다보면 육체적인 욕망이 일단 전제돼야 하고, 그 육체적 욕망이라는 것은, 특히 남성성의 욕망은 결국 폭력성에 이어져 있지 않나? 그러니까 상대를 내 것으로 만들려는 욕망 자체에 본질적으로 폭력성이 있지 않을까? 이게 어떤 선을 넘으면 우리의 모더니티는 '이건 범죄다.'라고 규정하잖아요. 그러니까 범죄인 욕망, 범죄로 실행된 욕망을 사랑이라고 말할 수 있냐? 그게 추후에 상대가 받아들였다고 하더라도 그걸 사랑이라고 할 수 있냐? 이 문제는 이야기의 끝까지 질문으로 남겨져 있다고 생각해요.

조선희　　성의 문제가 아니더라도, 처음의 섹스 시도와 마지막의 섹스 사이에 있는 마음의 표현들, 빨래도 해주고, 휠체어에 태워서 시내로 나가고, 마지막에 나뭇가지를 자르고……. 결국 그런 게 다 사랑 아닐까요?

이창동   그렇죠. 그런데도 용서할 수 없는 거죠. 어떤 사람들한테는, 또는 우리의 마음속 어떤 부분에게는…….

조선희   감독님이 이 영화를 찍을 때 그렇게 유보적이고 복잡한 생각을 갖고 계셨다는 거군요.

이창동   그럼요.

조선희   사실 이런 문제는 2018년 이후, 말하자면 '성인지 감수성'이 갑자기 높아진 것과도 관련이 있다고 봐요. 그런데 그전에 이미 이 문제에 대해서 자의식이 있었던 거네요. 그때 문소리 씨는 이 캐릭터를 어떻게 받아들였나요?

이창동   문소리는 시나리오 쓰는 과정에서부터 본인이 취재를 했고, 그 취재한 내용이 시나리오에 들어오기도 했어요. 그래도 어쨌든 이 캐릭터를 받아들이는 것이 쉽지 않은 문제였을 거예요. 성폭행을 당했는데 그 남자에게 다시 전화한다는 그 감정을 자기 것으로 받아들여야 되니까……. 도덕적으로 옳고 그르고를 따지기 이전에 그 행동을 하는 캐릭터를 배우인 자신이 먼저 받아들이는 과정이 필요하잖아요. '난 도저히 못하겠다'는 아니었지만, 본인에게는 하나의, 어떤 넘어가야 될 중요한 이슈였죠.

이 문제에 대한 관객들의 반응을 제가 처음 접한 건 2002년 로테르담 영화제에서였어요. 영화 상영이 끝나고 질의응답 시간에 영국 평론가 토니 레인즈가 진행을 했는데, 뒤에서 젊은 친구가 계속 손을 들고 있었어요. 결국 기회를 얻어서 질문을 했는데, 그 질문이 그런 것이었어요. 어떻게 자기를 강간한 남자를 사랑하게 할 수 있느냐? 어떻게 여자를 이렇게 그릴 수가 있냐? 더구나 장애를 가진 여자를……. 이렇게 막 흥분을 해서 말하는 거예요.

조선희   어느 나라 사람이었는데요?

이창동   네덜란드 사람이었겠죠. 젊은 남자였어요. 하여튼 그 친구가 막 흥분해서 말하는데, 질문이라기보다는 도덕적으로 공격하는 주장에 가까웠어요. 그런데 더 놀라운 것은 관객들의 반응이었어요. 그 친구가 질문을 마치니까 관객들이 말이 안 된다는 식으로 "우-" 소리를 내더라고요. 영화제 관객들이 다른 사람의 질문에 그런 식으로 반응하는 건 드문 일인데 일제히 그러는 거예요. 진행자인 토니 레인즈도 약간 화가 난 듯이 내게 대답할 필요가 없다고 하더라고요. 그때 객석 앞쪽에 앉아 있던 할머니 두 분 중 한 분이 열심히 손을 흔드는 거예요. 결국 발언권을 얻은 그 할머니가 일어나서 하는 말이, 자기들 두 사람은 영화의 여주인공처럼 뇌성마비 장애를 가진 여자들의 성욕을 해소해주는 자원봉사 활동을 하는 사람이다, 자기들이 도와주고 있는 사람들은 비장애인처럼 사랑할 수도 섹스할 수도 없고 평생 그럴 가능성 자체가 없는 사람들이다, 그걸 해결해주기 위해 지원자를 찾는데 구할 수 없어서 교도소의 장기수와 겨우 연결해주고 있다, 그러니까 지금 저렇게 이야기하는 건 실제 그 사람들의 현실을 모르고 하는 소리다, 나와 내 옆에 있는 친구는 한공주의 감정에 너무나 공감한다……. 그렇게 말을 하더라고요. 그러니까 관객들이 박수를 치는 거예요. 저는 사실 그 젊은 관객이 질문했을 때 '올 게 왔구나.' 하면서 나름대로 답변을 하려고 했고, 다만 꽤 복잡하고 어려운 얘기를 해야 하는데 통역도 시원찮고 해서 걱정하고 있었거든요.

조선희　　　할머니의 발언으로 클리어가 된 셈이네요.

이창동　　　물론 제가 하고 싶은 대답과는 전혀 다른 성격의 대답이었지만, 더 이상 말할 필요가 없게 돼버린 거죠. 그 할머니는 옳다 그르다를 따진 것이 아니라, 말 그대로 리얼리티를 이야기한 거라고 생각해요. 앞의 젊은 친구는 서사의 정치적 올바름, 도덕성을 따진 것이고요. 저는 이런 서사를 가진 영화 매체를 통해 우리가 얼마나 소통할 수 있는지 질문한 것인데 그는 그 서사 자체를 문제 삼은 것이지요.

조선희　　　당시 일부 여성계에서 비판한 글도 바로 그 대목
이죠. 어떻게 강간을 사랑이라고 얘기할 수 있냐. 피해자가
가해자를 그렇게 쉽게 용서하고, 둘이 공주마마, 장군님 하면
서 그런 관계로 순식간에 바뀌는데 어떻게 그럴 수가 있냐,
하는 거였죠. 그런데 공주가 종두에게 전화하기 전에 몇 가지
단계가 있잖아요. 오빠가 새로 이사한 아파트에 공주를 데려
다놓고 장애인 거주 확인을 하러 온 동사무소 직원 앞에서 쇼
를 한 뒤에 다시 공주를 내팽개치고, 또 옆집 부부도 와서 섹
스를 하고……. 그런 심리적인 과정을 거친 이후에 종두가 남
겨놓은 명함을 보고 공주가 전화하는 거잖아요. 대체로 관객
들은 공주가 전화를 걸게 되는 동기를 이해하죠. 그럼에도 불
구하고 어떤 사람들은 도저히 용납할 수가 없는 거죠.
　이건 한공주가 장애인이고 아니고를 떠나 일반적인 페미
니즘적 접근인 것 같아요. 성폭력에 대한 어떠한 관용도 없는
태도인 건데, 사실 2018년 이후 이런 시각은 훨씬 강화되었
거든요. 지금이라면 감독님이 이 영화를 이렇게 찍으실 수 있
었을까요?

이창동　　　그 질문을 저도 스스로 해봤어요. 지금이라면 찍
을 수 있을까? 가정이니까 판단하기 어렵지만 아마 좀 힘들
었겠죠. 아무래도 그때가, 뭐랄까, 덜 압박을 받았다고 생각
해요. 아무리 세상의 고정관념과 싸우겠다는 패기나 치기가

266　　　　　　　　　　　　　　　　　　오아시스 각본집

있더라도, 지금은 과연 할 수 있을까……. 이제 나이도 들었고, (웃음) 신경 써야 될 게 많잖아요. 그런 점에서 자신이 없긴 하죠.

조선희   2018년 이후 여자들은 그동안의 성적인 억압과 차별에 대해 적극적인 발언을 하고 있는 반면에 남자들은 또 남자들대로 역차별이나 미투에 대한 피해 의식을 가지고 히스테리컬해져 있는 상황이라 작가들이 이런 문제에 대해서 자유롭게 상상력을 발휘할 수 있는 시대는 아닌 것 같아요, 확실히.

이창동   간단히 말하면, 세상이 달라졌고 발전한 거죠. 또 그만큼 반대급부의 압박이나 억압이 생기게 된 거고요.

조선희   이렇게 해서 그야말로 정반합으로 끝까지 갔다가 돌아오면서 좀 정리가 되는 그런 때가 오겠죠.

이창동   저는 받아들여야 된다고 봐요.

조선희   '오아시스'가 비판받는 또 하나의 문제는 여성을 대상화했다는 것인데, 종두 중심의 남성 서사란 것, 사건을 만들고 이끌어 나가는 게 남자 주인공이라는 것이죠. 이런 문제 제기에 대해서는, 지금까지 한국 영화사에서 90% 이상을 차지한 남자 감독이 남성 주인공을 만들어서 영화를 찍어온 상황의 한계라고 봐야 할 것 같아요. 감독님도 어쩔 수 없이 그 한계 안에 있다는 걸 부인할 수는 없을 것 같아요. 물론 근육질의, 가부장적인 세계관에 가득 찬, 남성 우월주의적인 영화들 가운데에서 감독님은 그래도 밸런스를 잡아보려 하고 있고, '오아시스'에서도 그런 노력이 보이거든요.

그런데 이게 너무 나가는 비유인지는 모르겠지만, 조금은 더 윤리적이고 더 도덕적인 그룹의 사람들이 더 엄격한 기준에 의해서 항상 시빗거리가 되는 게 한국 사회인 것 같아요. 도덕이나 윤리와는 담쌓고 있는 그룹에서는 이런 게 전혀 문제가 안 되고요. 그런 게 한편으로는 역설이라는 생각이 들어요. 옛날에 김지하가 말했던가요? "카메라의 눈이 바뀌면 세상이 바뀐다."고. 뷰파인더를 보는 눈이 바뀌는 게 필요하다는 것인데요, 말하자면 여성 감독들이 더 많이 나와서 여성의 서사를 쓰는 것이 방법이 아닐까 생각해요.

이창동 그렇죠. 영화는 결국 다른 사람의 눈으로 세상을 보게 하는 매체예요. 누구의 눈으로 보느냐가 정말로 중요하죠.

조선희 어쨌든 '오아시스'가 처음으로 100만을 넘은 영화잖아요. 2002년 인터뷰에서는 사람들이 '박하사탕'을 보고 좋다고 하니까 '내 영화가 왜 좋다는 거야?' 하고 좀 놀랐다고 하셨지요. 그런데 '박하사탕'보다 더 흥행을 한 거잖아요.

이창동 상도 영향을 줬을 수 있죠.

조선희 베니스에서 상을 받은 것도 영향이 있겠죠.

이창동 무시할 수 없는 영향이 있었겠죠. 설경구가 직전에 '공공의 적'으로 상업적으로 크게 성공했었는데 우린 포스터도 제대로 못 찍었어요. 내용을 노출시키면 안 되니까. 노출시키면 망한다는 생각이 홍보팀들의 머리를 지배하고 있었어요. 그래서 지금도 인터넷에서는 영화와는 전혀 상관없는 설경구, 문소리의 예쁜 이미지 포스터가 올라와 있는 걸볼 수 있어요. 실제 인물은 감추고…….

조선희 주인공이 뇌성마비 장애인이라는 걸 감춰야 해서 그랬을까요?

이창동 뇌성마비도 그렇고 홍종두도 그렇고. 나중에 제가 화를 내고 우겨가지고 급하게 포스터를 새로 만들고 그랬거든요. 그럴 정도로 뭘로 홍보를 해야 할지 알 수 없는 영화였는데, 다행히 상을 받으면서 홍보가 되었죠.

조선희   상을 아무리 받아도 반드시 흥행하는 건 아니죠.

이창동   그렇긴 하죠. 요즘은 3대 국제영화제 상이라도 그러려니 하는데, 그때는 9시 뉴스에도 나오고 그랬으니까 좀 영양가가 있었겠죠.

조선희   그래도 작품 자체에 뭔가 대중적으로 끌어당기는 요소가 있다면 그게 뭘까요?

이창동   결국은 두 사람의 사랑을 관객이 공감해주었다고 봐야죠. 이 영화가 판타지에 대한 질문이라고 그랬잖아요. 관객이 기대하는 판타지를 주지 않고, 오히려 질문하는 영화라고 했잖아요. 그런데 이것 자체가 자기모순인 것 같아요. 비유하자면 마치 장애물 경기를 하는 것이죠. 장애물 경기를 위해 장애물들을 세우지만, 그 장애물에 다 걸려 넘어지기를 바라는 게 아니라 그래도 건너오기를 바라죠. 그 장애물에 걸려 포기하거나 또는 건너오기를 거부하는 관객들이 분명 있어요. 그러나 꽤 많은 관객들이 결국 그 장애물들을 다 건너와준 셈이죠.

부록

시놉시스×트리트먼트

시놉시스

차가운 어느 겨울날, 도시 변두리의 버스 정류장에 한 사내가 서 있다. 빡빡 깎은 머리에 한겨울 날씨에도 반소매 여름 남방 차림을 하고 있다. 겉으로는 이십 대 후반의 나이에 덩치 큰 어른이지만, 어쩐지 미성숙한 어린애 같은 기묘한 인상이다. 이윽고 그는 버스에 올라타고, 버스 뒷자리에 앉은 그의 뒤쪽으로 높다란 담장의 회색 교도소 건물이 멀어져간다.

그의 이름은 홍종두. 나이는 스물아홉. 무면허 뺑소니 음주운전으로 사망 사고를 낸 뒤 2년 6개월의 형기를 마치고 나오는 길이다. 그러나 그의 가족은 전에 살던 집에서 이사를 가버렸다. 돈 없이 식당에서 음식을 시켜 먹고 경찰서로 연행된 그는 금방 교도소를 나왔다는 점이 정상 참작되어 풀려난다. 연락을 받고 경찰서로 온 동생을 따라 가족을 만나지만, 그를 반기는 사람은 아무도 없다. 가족에게조차 그는 그저 거추장스럽고 불필요한 존재에 불과하다.

　종두는 당분간 형이 하는 카센터 사무실 한쪽 소파에서 잠을 자고, 형은 동생을 취직시키려고 이곳저곳 데리고 다니지만, 쉽지 않다. 그는 우리 사회가 받아들이길 거부하는 사회 부적응자, 일종의 사회적 장애인이다. 그는 끊임없이 사람들에게 집적거리고, 유치하고 썰렁한 농담을 던진다.

어느 날 종두는 과일 바구니를 옆구리에 끼고 어느 낡은 서민 아파트를 찾아간다. 자신이 저지른 뺑소니 사고로 사망한 환경미화원의 가족에게 미안하다고 사과하러 간 것이다. 마침 그 집은 이사를 하는 중인데, 피해자의 가족은 당연히 종두가 사과한다고 찾아온 것 자체를 뻔뻔스럽다고 받아들인다. 결국 종두는 과일 바구니를 건네지도 못하고 쫓겨나고 만다. 하지만 종두는 그곳에서 중증 뇌성마비 장애인인 그 집 딸을 만나게 된다.

　그녀의 이름은 한공주. 한공주의 오빠 내외는 옆집 여자에게 몸이 불편한 동생을 보살펴주는 대가로 얼마간의 돈을 주기로 하고 이사를 가버린다. 지금까지도 늘 혼자였지만, 공주는 이제 정말로 혼자 있게 되는 것이 두렵다. 빈방에서 그녀는 혼자 거울 장난을 한다. 거울에 반사된 빛 조각이 방 안을 날아다니는 흰 새가 되기도 하고 나비가 되기도 한다.

이상하게도 종두는 작은 짐승처럼 웅크린 채 자신을 쳐다보던 일그러진 공주의 얼굴을 잊을 수 없다. 며칠 후 그는 꽃을 사 들고 다시 공주를 찾아간다. 그는 옆집 여자가 열쇠를 숨겨놓은 복도 화분에서 열쇠를 찾아 문을 열고 들어간다. 갑자기 나타난 그를 보고 공포에 질린 공주에게 종두는 꽃을 내민다. 그리고 그녀에게 관심이 있어서, 사귀어보고 싶어서 찾아왔다고 말한다.

"넌 그만하면 그런대로 괜찮은 얼굴이야. 여자로서. 내가 왜 찾아왔는지 알아? 그 말 해주러 왔어. 거짓말 아냐, 정말이야."

그는 자기 전화번호라며 형의 카센터 명함을 놓아둔다. 그리고 자신이 그녀를 좋아하고 있다는 것을 알리고 싶어서 애를 쓴다. 그는 그녀의 손발을 만지고 얼굴을 만진다. 그러다가 점점 억제할 수 없는 욕망에 이끌리면서 마침내 그녀를 강제로 겁탈하기 시작하고, 공포에 질린 공주는 온몸을 뒤틀며 저항하다가 기절하고 만다. 그러자 놀란 그는 황급히 도망치고 만다.

좁은 방의 어둠 속에 웅크린 채 공주가 두려움에 질려 뭔가를 쳐다보고 있다. 그녀 눈앞의 벽에는 싸구려 벽걸이 카펫이 걸려 있다. 오아시스에 야자수와 아기 코끼리, 인도 여자와 까무잡잡한 피부의 어린아이 그림이 수놓아진 싸구려 카펫이다. 검은 나무 그림자가 그 '오아시스'를 덮고 있다. 나무 그림자는 불길한 몸짓으로 음산하게 흔들린다.

어느 날 공주의 오빠가 찾아와 그녀를 자신이 이사 간 새 아파트에 데려간다. 낡고 누추한 그녀의 집과 달리 우아하고 깔끔하게 꾸며져 있는 오빠 내외가 사는 집에 가서야 공주는 왜 오빠가 자신을 갑자기 데려왔는지 알게 된다. 이 아파트는 사실은 장애인용 아파트로 공주의 명의로 분양받은 것인데, 오늘이 동사무소에서 실제 장애인이 살고 있는지 점검을 나오는 날인 것이다.

다시 자신의 좁고 누추한 방으로 돌아온 뒤, 공주는 쓰레기통을 뒤져 종두가 주었던 명함을 찾아낸다. 어두운 카센터 소파에서 자고 있던 종두가 잠에서 깨어나 수화기를 든다. 그리고 수화기에서 들려오는 괴상한 신음 소리 같은 것이 누구의 목소리인지 알아차리고 놀라 벌떡 몸을 일으킨다. "무, 물어보오 마아마아아아이…… 이서 저나 해햇어요…….." 안간힘을 써서 내뱉는 말을 종두는 겨우 알아듣는다.

다음 날 종두가 공주를 찾아온다. 공주를 마주한 종두의 태도는 그답지 않게 좀 긴장되어 있다. 그는 공주에게 물어보고 싶은 말이 뭐냐고 묻는다. 공주가 한 음절씩 힘들게 뱉어낸다.

"왜…… 나한테…… 꼬, 꼬츨…… 주, 주어어서요?"

"왜 너한테 꽃을 주었냐고?"

종두는 잠시 대답이 막힌 듯하더니, 자기도 모른다고, 그
냥 그러고 싶었다고 말한다. 그렇게 그들의 대화는 시작한다.
힘들게 뱉어내는 그녀의 말을 종두는 하나씩 알아듣기 시작
한다. 그녀의 이름이 공주라는 걸 알고 종두가 말한다.

"공주치고는…… 좀 그렇다."

공주는 종두의 썰렁한 농담에 끅끅 소리 내며 웃는다.

"어이, 외출하고 싶지 않아?"

종두가 그녀를 데리고 간 곳은 그녀가 사는 낡은 아파트의
옥상이다. 휠체어에 앉은 채 그녀는 힘들게 고개를 젖히고 하
늘을 처다본다. 참 오랜만에 보는 하늘인 것 같다. 그런 그녀
를 종두가 보고 있다.

종두는 형에게 자동차 정비 일을 가르쳐달라고 부탁한다. 종
일이 보기에 무엇 때문인지 동생이 좀 달라진 것 같다. 카센
터 일을 하면서 종두는 일이 끝나면 몰래 공주를 찾아간다.
아무도 모르는 둘만의 만남이다. 그리고 두 사람은 서서히 서
로를 알아가기 시작한다. 처음 사귀기 시작하는 연인들이 그
러듯이 좋아하는 계절이나 색깔, 음식 등을 이야기한다. 종
두가 짜장면을 좋아한다고 하자, 공주는 콩이 싫다고 말한다.
종두의 썰렁한 농담에 공주는 자주 웃음을 터뜨린다. 그녀는
한번 웃음이 터지면 참지 못하고 거위처럼 목쉰 소리로 컥컥
거린다. 이제 종두는 자신의 농담에 유일하게 웃어주는 사람

을 만난 것이다.

때때로 종두는 공주를 위해 청소를 하고 빨래를 해주기도 한다. 이제 그들은 서서히 서로에게 특별한 감정을 가지기 시작한 것이 분명해 보인다. 그 감정의 정체가 무엇인지는 분명치 않다. 그것이 사랑일까. 그렇다고 받아들이기에 그들의 모습은 왠지 어색하고 기묘하다.

종두는 공주가 어둠을 무서워하고, 무엇보다 오아시스 카펫 위에서 흔들리는 나무 그림자를 싫어한다는 사실을 알게 된다. 그리고 자기가 그것들을 다 없애주겠다고 약속한다.

"어, 어떠……케애……요?"

"마술."

종두는 그림자가 어른거리는 오아시스 벽걸이 앞에 서서 주문을 외운다. "수리수리 마하수리 수수리 사바하…… 없어진다…… 없어진다…… 없어졌다!" 그러나 여전히 나무 그림자는 흔들리고 있다. 공주가 소리 내어 웃는다.

종두는 공주를 휠체어에 태우고 시내로 외출을 한다. 처음으로 전철을 타보는 공주는 전철 안의 사람들을 보면서 자기만의 상상에 빠져든다. 맞은편에 앉은 젊은 연인들처럼 자기도 종두에게 장난을 치는 상상. 그런 것이 그녀에게는 간절한 판타지이다.

종두는 공주에게 먹고 싶은 걸 말해보라고, 뭐든 다 사주겠다고 장담한다. 그러나 사람들은 이 어울리지 않는 커플을 이상하게 쳐다보고, 어느 식당에서도 그들을 반기지 않는 것 같다. 결국 종두는 공주를 휴일이라 쉬고 있는 형의 카센터로 데려간다. 셔터를 내린 카센터 안에서 그들은 중국집에서 짜장면을 시켜 먹는다. 초라하지만 행복한 외식이다.

카센터에 있는 남의 승용차에 공주를 태우고 돌아가는 길, 청계 고가도로 위에 차들이 끝도 없이 정체되어 있다. 종두가 참지 못하고 차에서 내리더니, 공주를 안고 차 밖으로 나온다. 그리고 차 라디오를 크게 틀어놓고, 꼬리를 물고 있는 자동차들 사이에서 공주를 안고 춤을 춘다. 그들의 춤은 공주의 좁은 거실로 이어진다. 꽃잎이 날리고 아기 코끼리와 인도 여인, 어린아이가 방에서 나와 그들과 함께 춤을 춘다. 오아시스 벽걸이 속에 있던 것들이다. 종두에게 안겨 있던 공주도 멀쩡한 몸이 되어 춤을 춘다. 아기 코끼리는 여기저기 휘젓고 다니고, 좁고 구질구질한 아파트 안에서 유쾌한 소동이 벌어진다.

서울 시내의 어느 레스토랑. 종두 어머니의 생일을 축하하기 위해 가족과 가까운 친척들이 모인 자리에 종두가 공주를 태운 휠체어를 밀며 들어선다. 난데없이 수족이 뒤틀린 뇌성마비 여자를 휠체어에 태우고 나타난 종두를 보며 가족들은 놀라다 못해 어이가 없는 표정이다. 종두는 공주가 자기 친구인데, 사실은 자기가 사고 낸 피해자의 딸이라고 소개한다. 놀란 종일이 종두를 식당 밖으로 데리고 나간다. 동생 종세도 따라 나간다. 종일이 종두에게 도대체 왜 이런 짓을 하냐고, 니 속셈이 뭐냐고 다그친다.

"너 나한테 감정이 있는 거지? 응? 나한테 복수하려고 이러는 거지?"

그들의 대화를 통해 숨겨져 있던 과거의 사건이 드러난다. 종두가 뺑소니 사고로 교도소에서 2년 반을 살고 나왔지만, 사실 그 사고를 낸 사람은 종두가 아니라 형 종일이었고, 그는 형 대신 감옥에 갔던 것이다.

식사가 끝나고 가족사진을 찍을 때 종두가 공주도 함께 찍자며 휠체어를 밀고 오자, 종일이 공주를 빼라고 소리 지르고, 종두는 자기도 찍지 않겠다며 나와버린다.

공주는 자신의 의사도 묻지 않고 이곳에 데려온 종두에게 화가 나 있고, 종두는 그녀의 화를 풀어주려고 노래방에 데려간다. 언젠가 그녀가 좋아한다고 했던 '내가 만일'이란 신청곡을 누르고 종두가 그녀의 입에 마이크를 대주지만, 그녀는 아무 소리도 내지 못한다. 그녀의 비틀린 시선은 모니터 화면으로 속절없이 흘러가는 노래 가사를 보고 있을 뿐이다.

늦은 시간의 지하철역에서 종두가 공주를 업은 채 휠체어를 들고 정신없이 계단을 내려온다. 그러나 눈앞에서 마지막 전철이 떠나버린다. 텅 빈 플랫폼에서 종두가 공주를 업은 채 허탈하게 서 있을 때, 그녀가 노래 부르기 시작한다. 노래방에서 부르지 못한 '내가 만일'이다. 그녀는 휠체어에 종두를 태우고 밀면서, 그를 위로하듯 노래하고 있다. 텅 빈 지하철역 승강장에서 그들의 판타지를 방해하는 것은 아무것도 없다.

공주를 집에 데려다주고 떠나려는 종두를 그녀가 붙잡는다. 그리고 함께 자자고 말한다. "여자가, 같이, 자자고…… 하는 게 무슨, 소린지 몰라요?" 그녀의 말에 당황하다가 결국 그는 옷을 벗고 그녀의 곁에 눕는다.

　두 사람이 섹스를 하던 도중 예고 없이 공주의 오빠와 올케가 집으로 들어선다. 방문이 열리고 불이 켜지자, 놀란 올케의 비명 소리가 끝도 없이 이어진다.

　신고를 받고 출동한 경찰 기동대의 봉고차에 종두가 수갑을 찬 채로 태워진다. 경찰서로 종일과 종세가 찾아온다. 종두가 동생에게 농담하자, 종일이 주먹으로 치며 소리친다.

　"니가 인간이야? 니가 인간이야, 인마?"

　형한테 맞아 코피가 흐르는데도 종두는 웃고 있다.

　경찰서 마당에서 두 가족이 합의금 흥정을 벌이고 있다. 공주의 오빠는 종일과 종세에게 합의금 2000만 원만 주면 없었던 일로 하겠다고 하는데, 종일은 그 제안을 거부한다. 이제 종두는 어쩔 수 없이 강간죄로 구속될 수밖에 없다.

　형사가 공주의 진술을 받는다. 그녀의 올케가 통역을 하고 있지만, 공주의 말은 제대로 전달되지 않는다. 유치장으로 들어가는 종두를 보며, 공주는 발작처럼 온몸을 뒤튼다. 그러나 아무도 그녀의 몸짓을 이해하지 못한다.

유치장에 갇혀 있던 종두가 감시 소홀을 틈타 경찰서 밖으로 도망친다. 필사적으로 밤거리를 달려간다. 공주를 위해 그가 할 수 있는 마지막 행동을 하기 위해.

트리트먼트[*]

싸구려 벽걸이 카펫에 직조된 문양. (타이틀백)

두어 그루의 야자수가 있고, 그 아래 우물이 있고, 아기 코끼리 한 마리와 인도풍 의상을 입은 젊은 여인, 그리고 까무잡잡한 피부의 어린아이도 볼 수 있다. 싸구려 카펫에 어울릴 만한, 기계 자수로 된 국적 불명의 조악하고 유치한 그림이지만, 순진하고 소박한 정감 같은 것이 느껴지기도 한다. 그림 아래에 영문으로 'OASIS'라는 글씨도 보인다.

검은 나무 그림자가 그 그림을 덮고 있다. 스산하게 들려오는 바람 소리와 함께 나무 그림자는 불길한 몸짓으로 음산하게 흔들린다.

---

[*] 트리트먼트(treatment). 시놉시스가 5매(A4 기준) 미만의 짤막한 요약본 기획서라면, 트리트먼트는 본격적인 시나리오 작업 전에 조금 더 긴 줄거리를 쓴 것으로, 사건들이 유기적으로 연결되고 있는가를 확인하게 해주는 기능을 갖는다. 트리트먼트에는 구체적인 사건, 스토리의 핵심이 되는 중요 대사가 포함된다.

이윽고 카메라가 천천히 움직이면서 누추하고 빈궁한 어느 서민 아파트의 좁은 방 안을 소개하다가 방 한구석을 향해 멈춘다. 왠지 기묘하고 부자연스럽게 일그러진 얼굴을 한 젊은 여자가 어둠 속에 웅크리고 있다. 마치 어두운 굴속에 갇힌 작은 짐승처럼. 흰자위를 드러낸 두 개의 눈동자만이 창문으로 새어 들어온 새벽 박명(薄明) 속에서 섬뜩하게 빛난다. 그 눈동자는 알지 못할 두려움, 또는 안타까운 소망 같은 것을 담은 채 '오아시스' 그림을 보고 있다.

첫 장면은 몹시 추운 겨울날의 이른 아침, 도시 외곽의 국도변에 있는 버스 정류장에서 시작한다. 부지런한 직장인과 학생들 몇 명이 잔뜩 어깨를 움츠린 채 버스를 기다리고 있을 뿐 몹시 황량한 풍경이다.

　한 사내가 길을 건너온다. 그의 인상은 첫눈에도 조금 기묘하다. 한겨울 날씨에 어울리지 않게 반소매 여름 남방 차림에다 빡빡 깎은 머리를 하고 있다. 그가 걸친 여름 남방의 싸구려 야자수 무늬는 차갑고 삭막한 겨울 풍경과는 도무지 어울리지 않는다. 추위 때문에 팔뚝에 하얗게 소름이 돋아 있지만, 그는 짐짓 아무렇지도 않은 표정을 꾸미고 있다. 눈에 띄는 것은 그의 이마 한쪽에 있는, 마치 잉크 얼룩 같은 커다란 검은 색 반점이다. 머리를 빡빡 깎고 있기 때문에 그 반점은 더욱 두드러져 보이고, 그의 인상을 더 기묘하게 만든다. 영화는 그의 이런 불균형하고 불안한 이미지에서 시작한다.

그는 길가의 구멍가게로 들어간다.

"두부 있지요? 생두부 한 모 줘요."

주인 남자가 건네준 두부를 성급하게 한입 가득 씹어 먹으며 그가 묻는다.

"얼마요, 아줌마?"

주인 남자는 자기 얼굴을 멀쩡히 쳐다보면서도 '아줌마'라고 부르는 사내가 어이없다는 표정이다.

"그냥 잡수쇼."

"예?"

"돈 안 받고 드리는 거니까 그냥 드시라고."

주인은 냉장고에서 우유까지 꺼내 준다. 사내가 고맙다는 말도 없이 묻는다.

"해태우유 없어요?"

"우유 다 똑같애. 해태우유라고 뭐 다르나?"

"우유는 해태우윤데……."

눈치 빠른 사람이라면 그가 겉으로는 이십 대 후반의 나이에 덩치 큰 어른이지만 정신적으로는 미성숙한 어린애처럼 보인다는 사실을 알아차렸을 것이다. 그의 얼굴은 의외로 순해 보이지만 번들거리는 눈빛만은 왠지 섬뜩하게 느껴진다. 그 눈빛은 자신의 행동에 책임질 줄 모르는 충동적인 성격, 그리고 언제 폭발할지 모르는 불안한 광기 같은 것을 품고 있는 듯하다.

가게를 나온 그는 버스에 올라탄다. 버스 뒷자리에 앉은 그의 뒤쪽으로 높다란 담장의 커다란 회색 교도소 건물이 멀어져간다.

그의 이름은 홍종두. 나이는 스물아홉. 무직. 전과 3범. 이번에는 무면허 뺑소니 음주운전으로 사망사고를 낸 뒤 2년 6개월을 복역하고 출감하는 길이다.

2년 반 만에 돌아와 전에 살던 집에 찾아갔으나 가족은 이사 가고 없다. 한겨울에 여름 남방을 입은 채 거리를 돌아다니는 그는 계속 뭔가 흥얼거리며 몸을 건들거리고 있다. 마치 그의 내부에서 그만이 들을 수 있는 비트가 끊임없이 계속되는 듯이. 그 모습이 그를 더 불안정해 보이도록 만든다. 그의 내부에 숨어 있는 그 무엇, 스스로도 억제하지 못하는 그 무엇이 끊임없이 바깥 세계와 마찰을 일으키고 있는 것 같다.

종두는 결국 술집에서 종업원과 시비가 붙어 싸우다가 경찰서로 연행된다. 교도소에서 출감한 첫날 다시 경찰서 신세를 지게 된 것이다. 연락을 받은 그의 동생 종세가 찾아오고, 그가 오늘 교도소에서 출감했다는 사정이 참작되어 겨우 풀려난다.

종세를 따라 집으로 돌아오지만, 그를 반기는 가족은 아무도 없다. 자동차 부품 회사에서 구조조정을 당한 형 종일은 카센터를 하고 있고, 동생 종세는 혼자 미니밴을 몰고 다니며 이벤트 용역 일을 하고 있다. 어머니는 카센터 경리 일을 하는 며느리 대신 아이를 봐주면서 틈틈이 아파트 노인정에서 동네 노인들과 사교춤을 배운다. 모두 나름대로 열심히 살아가는 생활인들이다. 그런 가족에게 종두는 그저 거추장스럽고 불필요한 존재에 불과하다. 스물아홉 살이 되도록 그는 가족이나 주변 사람들에게 끊임없이 피해나 주고 있는 인간일 뿐이다.

사람들은 그를 싫어하고, 또 그것을 노골적으로 드러낸다. 그런데도 그는 끊임없이 사람들에게 집적거리고 먼저 농담을 던진다. 그의 농담은 유치하고 썰렁하다. 했던 농담을 반복하기도 한다. 사람들이 웃지 않고 무시해도(사실 그의 농담은 대부분 사람들을 불쾌하게 하거나 성가시게 하니까) 그는 아랑곳하지 않고 계속한다.

"너 언제 철들래? 응? 언제 어른 될래?"

형 종일은 종두를 만나면 늘 잔소리를 한다.

"어른이 된다는 거는 인제 니 마음대로, 하고 싶은 대로 하고 살아서는 안 된다는 뜻이야. 자기 행동에 책임도 지고, 남이 날 어떻게 보나, 그것도 생각하고. 한마디로 이 사회에 적응을 해야 돼. 그게 어른이 되는 거야. 야, 다리 떨지 마!"

맏이로서 나름대로 가족들에 대한 책임감이 있는 종일은 어떻게든 동생을 이 사회에 적응시키고 편입시키려 애쓴다.

이 사회에 발을 붙이려면 먼저 일자리가 필요하다. 그래서 종두를 데리고 취직 부탁을 하기 위해 이곳저곳 돌아다닌다. 그러나 종두 같은 인간을 취직시키기란 쉽지 않다. 아직도 그는 우리 사회가 받아들이길 거부하는 사회 부적응자 또는 잠재적 범죄자에 가깝다. 말하자면 그는 일종의 사회적 장애인이다. 하지만 그에게도 남이 알지 못하는 외로움이 있고 억눌린 슬픔이 있다. 그가 주변 사람들에게 집적거리고 귀찮게 하는 것은 스스로 억제하지 못하는 그 슬픔과 외로움 때문이다. 그러나 그것을 이해할 수 있는 사람은 아무도 없다. 그의 외로움은 완벽하다.

어느 날 종두는 재개발을 앞둔 어느 낡은 서민 아파트를 찾아간다. 2년 반 전 그가 저지른 뺑소니 사고의 피해자는 새벽거리를 청소하던 환경미화원이었다. 그가 찾아간 곳은 바로 그 죽은 청소부의 가족이 사는 집이다.

종두가 찾아갔을 때 마침 그 집은 이사를 하고 있는 중이다. 이삿짐을 내가느라 어수선한 틈에 끼어들어 그는 이삿짐센터에서 나온 짐꾼처럼 함께 짐을 나른다. 짐을 나르며 자연스럽게 집 안으로 들어간 그는 이삿짐 사이에 앉아 있는 그 집 딸을 만나게 된다.

그녀의 이름은 한공주. 중증 뇌성마비 장애인인 그녀의 외모는 보기에 참혹하다. 손발은 눈에 보이지 않는 사슬로 묶어

　　　　　　　　　　　　　오아시스 각본집

놓은 듯 고통스럽게 뒤틀려 있고, 얼굴은 쥐어짜놓은 걸레처럼 잔혹하게 일그러져 있으며 시선은 허공의 어느 한곳에 항상 매달려 있는 듯하다. 스물여덟 살이 되도록 거의 바깥출입을 하지 못하고 방 안에서만 갇혀 지냈기 때문에 피부는 흰 눈처럼 창백하다.

이삿짐센터에서 나온 짐꾼인줄 알았던 종두가 아버지를 죽인 교통사고의 가해자란 사실을 알자, 공주의 오빠는 몹시 화를 낸다. 사실 종두는 미안하다고 사과하기 위해 찾아온 것이지만, 공주의 오빠는 사과하겠다고 찾아온 것 자체를 이해하지 못하고 뻔뻔스럽다고 생각한다. 결국 종두는 그들과 시비만 하다가 쫓겨나고 만다.

함께 살던 오빠 내외가 이사 가고 난 뒤 공주는 혼자 남게 된다. 지금까지도 혼자 있는 것이 버릇이 되어 있지만, 그러나 이제는 정말로 혼자 있게 되는 것이 두렵다.

그녀가 어둡고 외로운 현실에서 벗어나기 위한 유일한 방법은 판타지를 꿈꾸는 것이다. 보통 사람들에겐 너무나 일상적인, 지극히 평범한 것들이 그녀에겐 판타지로만 꿈꿀 수 있는 것이다. 우울하고 구질구질한 현실의 모습 속에서 그녀는 절묘하게 우스꽝스러운 환상을 찾아내고 혼자 웃음을 참지 못한다. 그 판타지를 통해 그녀는 개떡 같은 현실을 마음껏 풍자하고 웃어줄 수 있다. 사실 아무도 모르고 있지만, 그녀는 겉보기와 달리 매우 밝고 장난기 가득한 내면을 숨기고 있다.

이상하게도 종두는 그 집의 골방에 갇혀 있던 공주를 잊을 수 없다. 오빠네 식구가 새 아파트로 이사 가고 난 뒤에도 그녀가 혼자 그 집에 남아 있는 것 같다. 그날 어두운 방 안에서 작은 짐승처럼 웅크린 채 자신을 바라보던 그 일그러진 여자의 얼굴이 자꾸 떠오른다.

며칠 뒤 종두는 다시 공주의 아파트를 찾아간다. 그의 손에는 어울리지 않게 꽃바구니가 들려 있다. 그러나 벨을 누르고 주먹으로 문을 두드려도 빈집처럼 아무 반응이 없다. 마침 계단을 올라오던 옆집 여자가 그를 보고 어떻게 찾아왔느냐고 묻고, 종두는 꽃 배달을 왔다고 둘러댄다.

"꽃 배달이요?"

여자는 별일이라는 듯 되묻는다.

"꽃 배달도 다 오네. 잠깐 기다려보세요."

종두는 아파트 문 앞 복도에 놓인 화분에서 열쇠를 꺼내는 여자의 행동을 슬쩍 훔쳐본다. 여자는 열쇠로 공주의 아파트 문을 열고 들어간다. 조금 열린 문으로 내부가 보인다. 앞집 여자가 뭔가 이야기를 하고 있다. 그런데도 공주의 모습은 보이지 않는다. 그는 꽃을 받아든 그녀의 표정을 보고 싶지만 참는다.

아파트 건물을 나와 어떻게 할지 모르는 듯한 멍한 표정으로 서 있다가, 종두는 다시 공주의 집으로 올라간다. 벨을 몇 번 눌러보다가 대답이 없자, 문 앞 복도에 놓인 깡통 화분을 들여다본다. 화분 속에 열쇠 하나가 숨겨져 있다. 그는 열쇠를 꺼내 아파트 문을 연다.

조심스레 집 안으로 들어선 종두는 이곳저곳을 둘러보다가 그녀의 방문을 연다. 종두를 보고 공주는 공포에 질린다. 평소에도 사람들과의 접촉을 두려워하는 그녀는 난데없이 나타난 종두가 무서울 수밖에 없다.

종두는 그녀에게 나쁜 뜻으로 찾아온 것이 아니라고 말한다. 그녀에게 관심이 있어서, 사귀어보고 싶어서 찾아왔다는 것이다.

"넌 그만하면 그런대로 괜찮은 얼굴이야. 여자로서. 내가 왜 찾아왔는지 알아? 그 말 해주러 왔어. 거짓말 아냐, 정말이야."

그는 그녀에게 자기 전화번호라며 형의 카센터 명함을 주고 썰렁한 농담을 하기도 한다. 그는 자신이 그녀를 좋아하고 있다는 것을 어떻게 하면 알릴 수 있을까 애를 쓴다. 그는 그녀의 손발을 만지고 얼굴을 만진다. 그러다가 점점 어떤 억제할 수 없는 욕망에 이끌린다. 공포에 질려 있을 뿐 아무런 저항도 하지 못하는 여자의 몸이 그 욕망을 더욱 부추기는 것 같다. 이제 그는 그녀의 윗도리 단추를 열어 그녀의 젖가슴을 만진다. 그녀의 젖가슴은 참혹하게 비틀린 빈약한 사지와는 불균형해 보일 정도로 성숙해 있다. 종두에게는 그것이 세상에서 처음 보는 아름다운 창조물처럼 경이롭게 보인다. 그의 행동은 더욱 대담해지고 욕망은 점점 걷잡을 수 없게 되면서 그는 마침내 그녀를 강제로 겁탈하기 시작한다.

그러나 공포에 질린 그녀가 온몸을 뒤틀며 저항하다가 기절을 하고 만다. 놀란 그는 의식을 잃은 그녀를 욕실로 끌고 간다. 세면기와 변기가 있고, 욕조 대신 세탁기가 놓인 지저분하고 좁은 욕실이다. 정신없이 샤워기를 틀어 그녀의 얼굴에 물을 뿌리면서, 그는 연신 "아이, 씨발. 아이 씨발……." 소리를 계속하고 있다. 마침내 그녀가 겨우 정신이 들자, 그는 황급히 도망치고 만다.

그녀의 집을 나와 거리를 걸어가는 그는 몹시 화가 나 있다. 아마도 자기 자신에게 화를 참을 수가 없는 모양이다. 길가의 쓰레기통을 걷어차다가 놀라서 쳐다보는 사람들에게 "뭐? 뭐?" 하고 소리 지른다.

집에 돌아왔을 때, 어머니는 동네 노인 몇 명과 거실에서 음악에 맞춰 사교춤을 추고 있다. 며느리가 집을 비운 사이 노인들을 집으로 불러 춤을 추고 있는 것이다. 그런데 예상보다 일찍 집에 온 종일의 처가 그 모습을 보고 화를 낸다. 나름대로 교양 있게 화를 내는 형수와 친구들 앞에서 당황해하는 어머니를 보고 있던 종두는 손에 든 유리잔을 떨어트린다. 그리고 바닥에 어지럽게 흩어진 유리 조각을 발로 밟는다. 사람들이 놀라 쳐다보지만, 그는 웃고 있다. 발바닥에서 붉은 피가 흘러나오는데도 그는 마치 고행을 견디는 미치광이 수행자처럼 미소를 짓고 있다.

"미안한 말씀인데요, 난 정말 도련님이 싫어요."

형수가 종두의 다친 발바닥에 소독약을 발라주면서 말한다.

"정말 미안한 말인데요, 도련님 안 계실 때는 살 것 같았어요. 도련님 안 보이니까 집안에 걱정이 없어요. 나만 그런 게 아니고요, 민이 아빠도 그러고요, 어머님도 다 같은 생각이실 거예요. 이런 얘기 하면 안 되지만, 결국 하게 되네요."

공주는 어둠 속 침대에 웅크리고 누운 채 뭔가를 쳐다보고 있다. 늘 그녀의 눈길이 닿는 곳, 좁은 방의 벽에는 사막의 오아시스 그림이 수놓아져 있는 싸구려 벽걸이 카펫이 걸려 있다. 야자수 두어 그루가 서 있는 우물. 아기 코끼리와 인도 여자와 피부가 새까만 어린아이가 있는 '오아시스'를 검은 나무 그림자가 덮고 있다. 나뭇가지가 바람에 흔들릴 때마다 그 그림자가 음산하고 불길하게 흔들린다.

어느 날 공주는 외출 준비를 하고 있다. 오빠가 전화해서 데리러 올 테니 예쁘게 하고 기다리라고 했기 때문이다. 그때 옆집 부부가 아파트 문을 열고 들어온다. 거울을 보며 힘들게 화장을 하면서 공주는 방문 밖에서 들리는 옆집 부부의 말소리를 듣는다. 옆집 남자는 택시기사 일을 하는데 무엇 때문인지 낮에 집에 들어온 모양이다. 오빠는 이사를 나가면서 옆집 아줌마에게 얼마간의 돈을 주고 그녀를 부탁해두었다. 그래서 옆집 식구들이 아무 때나 그녀의 집에 드나든다. 일곱 살짜리 아이가 함부로 불쑥불쑥 들어와 장난을 치기도 하고, 그 집 부부가 몰래 부부 싸움을 벌이기도 한다. 이번에는 남편이 늙은 어머니와 아이 눈을 피해 공주의 집에서 섹스를 하고 싶은 것 같다. 그들은 공주를 별로 의식하지 않고 거실 소파에서 정사를 벌인다. 마치 그녀가 아무것도 보지도 듣지도 못하며 느끼지도 못하는 존재인 것처럼.

공주의 오빠가 벨을 누르면서 부부의 섹스는 급하게 중단된다. 허겁지겁 옷을 주워 입고 부부는 오빠에게 문을 열어주고 나간다. 오빠는 공주를 차에 태워 새 아파트로 데려간다. 낡고 누추한 그녀의 집과 달리 우아하고 깔끔하게 꾸며져 있는 오빠가 사는 집에 그녀는 처음 와본다. 그리고 그녀는 왜 오빠가 자신을 갑자기 데려왔나 짐작할 수 있게 된다. 이 아파트는 사실은 장애인용 아파트로 공주의 명의로 분양된 것인데, 오늘이 동사무소에서 실제 장애인이 살고 있는지 점검을 나오는 날인 것이다. 동사무소 직원이 찾아오고 위장 전입을 감추기 위한 완벽한 연극이 진행된다.

공주는 다시 자신의 좁고 어두운 방으로 돌아온다. 익숙한 공간의 적막함이 왠지 오늘따라 몹시 견디기 힘들다. 그녀는 힘들게 쓰레기통을 뒤져 그날 종두가 주었던 카센터 명함을 찾아낸다. 그리고 마침내 전화기를 들어 번호를 누른다.

어두운 카센터 사무실에 전화벨이 울린다. 사무실 한쪽 소파에서 잠을 자고 있던 종두가 잠에서 깨어나 수화기를 든다. 수화기에서 누군가의 알아듣지 못할 괴상한 신음 소리 같은 것이 들려온다. 종두는 그것이 누구의 목소리인지 알아차리고 놀라 자리에서 일어난다. 그는 그녀가 왜 전화를 했는지 도무지 알 수가 없다. 수화기에서 들려오는 그녀의 말도 알아듣기가 힘들다.

다음 날 종두는 공주를 찾아온다. 그를 기다리고 있는 듯 문이 조금 열려 있다. 공주를 마주한 종두의 태도는 그답지 않게 좀 긴장되어 있고, 조심스럽다. 그러나 오히려 공주는 마치 아무 일 없었던 것처럼 밝고 오히려 장난스럽게 보일 정도다.

"먹는 건 잘 먹나?"

"없어서 못 먹어요."

힘들게 뱉어내는 그녀의 말을 종두는 하나씩 알아듣기 시작한다. 그러면서 그녀가 말을 하면서 자주 웃는 버릇도 알게 된다.

"공주치고는 좀 그렇다."

그녀의 이름이 공주라는 걸 알고 종두가 말한다. 공주는 종두의 썰렁한 농담에 소리 내어 웃어준다. 이제 종두는 자신의 농담에 유일하게 웃어주는 사람을 만난 것이다. 종두가 말한다.

"어이, 외출하고 싶지 않아?"

종두가 그녀를 데리고 간 곳은 아파트 옥상 위다. 낡고 지저분하며 몹시 황량한 옥상이지만 그녀로서는 모처럼 해보는 바깥나들이다. 휠체어에 앉은 채 그녀는 힘들게 고개를 젖히고 하늘을 쳐다본다. 흰 구름이 드문드문 흩어진 얼음장처럼 투명하고 푸른 겨울 하늘이 그녀의 눈동자에 가득 찬다. 어둡고 둥근 하나의 우주 모양을 닮은 그녀의 눈동자에 차갑고 푸른 하늘이 어려 있다. 그 하늘 위로 한 꺼풀 투명한 물기가 맺히더니 눈물이 되어 떨어진다.

종두는 형에게 자동차 정비 일을 가르쳐달라고 부탁한다. 종일이 보기에 무엇 때문인지 동생이 좀 달라진 것 같다. 카센터 일을 하면서도 종두는 일이 끝나면 몰래 공주를 찾아간다. 아무도 모르는 둘만의 만남이다. 그리고 두 사람은 서서히 서로를 알아가기 시작한다.

"나는 겨울이 좋아요. 여름은 싫어요. 땀도 나고…… 모기, 파리 땜에…… 모기, 파리 너무 싫어요."

"나도 겨울이 좋아. 몸에 열이 많아서…….."

"난 콩이 제일 싫어요."

"콩을 싫어한다고? 왜?"

"콩 먹으면 구역질 나. 콩 진짜 이상해."

말을 하면서 공주는 웃음을 터뜨린다. 그녀는 한번 웃음이 터지면 참질 못한다. 그녀는 겉으로는 고통의 덩어리로 보이지만 그 내면에는 어린애 같은 밝음과 낙천성이 있다. 그래서 한번 우스운 상상을 시작하면 그 상상을 멈출 수 없고, 웃음은 계속 터진다. 그럴 때면 그녀는 거위처럼 목쉰 소리로 숨 넘어갈 듯 컥컥거린다.

때때로 종두는 공주를 위해 청소를 하고 빨래를 해주기도 한다. 이제 그들은 서서히 서로에게 특별한 감정을 가지기 시작한 것이 분명해 보인다. 그 감정의 정체가 무엇인지는 분명 치 않다. 그것이 사랑일까. 그렇다고 받아들이기에 그들의 모습은 너무나 어색하고 기묘하다.

그는 공주가 어둠을 무서워하는 것을, 그리고 무엇보다 '오아시스' 카펫 위에 흔들리는 나무 그림자를 싫어한다는 사실을 알고는 자기가 그것들을 다 없애주겠다고 약속한다.

"어떻게요?"

"마술."

그는 그림자가 어른거리는 오아시스 벽걸이 앞에 서서 주 문을 외운다.

"수리수리 마하수리 수수리 사바하……. 없어진다……. 없어진다……. 없어졌다!"

그러나 여전히 나무 그림자는 흔들리고 있다. 공주가 소리 내어 웃는다.

어느 날 두 사람은 처음으로 함께 외출을 하게 된다. 공주는 처음으로 전철을 타본다. 전철 안에서 그녀는 맞은편 자리에 있는 젊은 커플을 보고 자기도 그 커플의 여자처럼 빈 생수병으로 종두의 머리를 때린다면 종두가 얼마나 놀랄까 상상한다. 그 상상 때문에 소리 내어 웃자, 종두가 영문을 모르고 묻는다.

"왜 그래? 왜 웃어?"

종두는 공주를 업고 전철역 에스컬레이터를 오르며 먹고 싶은 걸 말해보라고, 뭐든 다 사주겠다고 장담한다. 그러나 어느 식당에 들어갔을 때, 휠체어에 탄 공주의 모습을 본 주인이 장사 안 한다고 말한다. 멀쩡하게 손님들이 식사를 하고 있는 것을 본 종두가 주인과 시비를 벌인다.

결국 종두는 공주를 자기가 일하는 카센터로 데려간다. 일요일이라 문을 닫은 카센터는 기름때 묻은 자재들이 어수선하게 쌓여 있을 뿐 썰렁하게 비어 있다. 아마도 종두는 그녀를 자신의 공간에 데려오고 싶었는지도 모른다. 그는 중국집에 전화를 걸어 음식을 시킨다. 그리고 또 전화를 한다. 동생에게도 하고 어머니에게도 한다. 그녀가 지겨워하고 있는 줄도 모르고 썰렁한 농담을 하며 쓸데없이 전화는 오래 계속된다.

휠체어에 고개를 꼬고 앉은 채 공주는 종두가 전화를 끊기를 기다린다. 자신이 심심해하는 걸 그가 빨리 알아줬으면 좋

　　　　　　　　오아시스 각본집

겠다. 그녀는 차츰 자기만의 판타지에 빠져든다.

　그녀는 휠체어에서 일어나 종두에게 다가간다. 마비가 사라진 모습을 한 여자는 지금 몹시 심심해서 남자에게 자기가 심심해한다는 걸 알리고 싶다. 여자는 남자에게 장난스럽게 다가가 전화하고 있는 그의 말을 따라 한다. 남자가 약간 귀찮다는 듯이 그녀를 피해 한쪽으로 걸어간다. 그러나 여자는 우스꽝스러운 스텝으로 그를 계속 따라간다. 그런데도 무신경한 남자는 여전히 전화만 하고 있다. 여자가 혼자 춤추기 시작한다. 그래도 그는 신경 쓰지 않는다. 여자가 전화기를 손으로 치고 전화기가 바닥에 떨어지자, 남자가 화를 낸다. 그러자 여자도 화를 낸다.

　"어떻게 나한테 화를 낼 수 있어?"

　여자가 화를 내자, 남자는 어쩔 줄 몰라서 여자를 달래려 한다. 평범한 연인들이 그러하듯. 현실로 돌아온 공주가 여전히 휠체어에 앉은 채 미소를 짓고 있다. 음식이 도착하고 그들은 함께 짜장면을 먹는다. 초라하지만 행복한 외식이다.

종두는 수리를 마친 남의 승용차에 공주를 태우고 직접 차를 운전해 공주의 집으로 가고 있다. 형의 허락도 받지 않고, 면허증도 없지만 상관하지 않는다. 그에게는 공주를 편하게 집에 데려다주는 것이 무엇보다 중요하다.

　해질녘의 청계 고가도로 위에 차들이 끝도 없이 정체되어 있다. 아마도 어디선가 사고가 난 모양이다. 종두가 참지 못하고 차에서 내린다. 끝없이 길게 꼬리를 물고 서 있는 자동차의 붉은 후미등, 그리고 고가도로 위로 머리를 내민 건물들을 바라본다. 그의 속에서 뭔가 근질근질한 것이, 남들에게 자랑하고 싶은 어떤 알 수 없는 감정이 꿈틀거린다.

"야, 씨바 좋다!"

그가 소리친다. 그리고 차 문을 열고 공주를 끌어내리려 한다. 놀란 공주가 저항한다.

"내려봐, 괜찮아."

종두는 공주를 안아 들려 하고, 당황한 그녀의 손이 힘들게 차 문을 꼭 붙들고 있다. 그러나 종두의 힘을 당할 수 없다. 그는 공주를 안고 차 앞으로 걸어 나온다.

"신나지? 응, 신나지?"

황혼에 물든 고층 건물들, 앞쪽으로 끝없이 늘어선 차량 불빛의 붉은 띠가 그녀의 눈에 들어온다. 겨울 공기는 차갑고 신선하게 느껴진다.

"우리가 언제 청계 고가도로 위에 서 있어보겠어. 안 그래?"

그가 그녀를 안은 채 한 바퀴 돈다. 그리고 다시 냅다 소리친다.

"너도 소리 질러! 소리 질러봐."

그가 계속 재촉한다. 그녀의 입이 움직인다. 정말 소리라

오아시스 각본집

도 지르려는 듯이. 그녀의 속에서도 뭔가 알 수 없는 감정이
밖으로 튀어나오려는 것 같다. 그러나 결국 소리를 지르지 못
한다. 그녀의 시선이 종두를 쳐다본다. 그리고 아주 힘들게
말을 뱉어낸다.

"사…… 랑…… 해…… 요……."

그녀의 말에 종두가 한 순간 움찔한다. 마치 뭔가 예상치
못한 충격을 받은 것 같은 표정이다. 갑자기 그는 몸을 굽혀
차 안의 카세트를 튼다. 볼륨을 최대로 올린다. 음악 소리가
도로 위로 울려 퍼진다.

그는 여자를 안은 채 춤을 추기 시작한다. 천천히 음악 소
리에 맞춰 밀려 있는 차들 사이를 돌며 춤을 춘다. 밀려 있는
다른 차의 사람들이 그들의 이 기묘한 춤을 보고 있다. 누군
가는 장난스럽게 경적을 울리기도 한다. 그러나 그는 아랑곳
하지 않고 춤을 계속한다.

여전히 비틀린 얼굴로, 그러나 그녀는 분명히 음악을 느끼
며 종두에게 들려 함께 춤추고 있다. 비록 스스로 움직일 수
는 없으나 마음속의 내적 움직임에 따라 춤추고 있는 것이다.
음악 소리가 고가도로 위 밀려 있는 차들과 그 너머 황혼에
물든 건물들 사이로 울려 퍼진다.

장면은 공주의 아파트 안으로 바뀐다. 그들은 계속 춤추고
있다. 종두가 공주를 안은 채 장난스럽게, 멋을 부리며 한 바
퀴 돈다. 그녀의 시점으로 아파트의 구질구질한 내부가 빙글

빙글 돌아간다. 그녀가 신이 나서 컥컥 거위처럼 소리 내어 웃는다.

종두의 팔에 안겨 있는 공주의 시선은 허공 어딘가에 홀린 듯 붙들려 있다. 무언가 판타지를 보고 있는 것처럼. 어디선가 아련하게 새로운 음악 소리가 들려온다. 낯설고 흥겨운, 환상적인 인도 음악이다. 문득 꽃잎 하나가 날아와 그녀의 얼굴에 붙는다. 다시 한두 개의 꽃잎이 더 날아온다. 날리는 꽃잎과 함께 아기 코끼리 한 마리가 방에서 튀어나온다. 뒤이어 몸이 새까만 인도 아이가 꽃바구니를 들고 꽃잎을 뿌리며 나오고 있다. 그리고 사리를 덮어쓴 인도 여인이 음악에 맞춰 몸을 흔들며 나타난다. 싸구려 벽걸이 카펫에 있는 오아시스 속의 인물들이 현실 속으로 빠져나온 것이다. 음악은 점점 흥겨워지고 그들은 종두와 공주의 주변을 돌며 춤을 춘다. 배꼽을 드러내고 허리를 흔들어대는 인도 여인의 춤. 공주가 꺽꺽 소리 내어 웃는다. 종두도 더욱 신나서 춤을 춘다. 아기 코끼리도 코를 쳐들며 춤을 춘다. 어느 순간인가, 마치 마술에서 풀려나듯 공주의 몸이 마비에서 풀려난다. 이제 그녀는 종두의 팔에서 벗어나 자유로이 춤을 추고 있다. 너무나 신나고 흥겨운 춤. 아기 코끼리가 집 안을 들쑤셔놓는다. 물건들을 함부로 자빠뜨리고 코로 냉장고 문을 열어 안에 들어 있는 음식들을 쏟아지게 한다. 공주가 코끼리를 잡으러 뒤를 쫓는다. 그러나 녀석은 장난치듯 도망친다. 좁고 누추한 아파트 안에서 벌어지는 유쾌한 소동이 계속된다.

종두와 공주가 키스한다. 그들이 입 맞추는 동안 음악이 서서히 사라지면서 인도 여인과 아이도 '오아시스' 속으로 되돌아간다. 마지막으로 아기 코끼리가 엉덩이를 실룩이며 물러난다. 판타지가 끝난다.

종두가 혼자 차를 몰고 카센터로 돌아가고 있다. 그런데 카센터 앞에 종일이 차 주인과 함께 몹시 화가 나서 기다리고 있다. 차 주인에게 수리한 차를 내주려고 왔다가 차가 없어진 것을 알고 황당해하던 중이다. 종일은 연신 고개 숙여 사과하고 고객을 보낸 뒤, 종두를 카센터 안으로 데리고 들어간다. 그리고 엎드려뻗쳐를 시킨다.

"내가 이야기했지? 이제 철 좀 들라고. 니가 하는 행동에 책임을 져야 한다고 몇 번 이야기했어?"

종일은 종두에게 빠따를 친다. 엎드려뻗쳐 자세로 형에게 빠따를 맞는 종두. 한 대씩 맞을 때마다 숫자를 세고 있다.

"하나……, 둘……, 셋……!"

종일은 있는 힘을 다해 빠따질을 하고 있다. 때리는 형이나 맞는 동생이나 다 얼굴이 벌겋게 달아올라 있다.

다음 날 아침, 카센터 한쪽의 소파에서 종두가 잠에서 깨어났을 때, 그의 얼굴에는 두 줄기 눈물이 흘러 있다. 자다가 꿈속에서 실컷 울었는데 무슨 일로 울었는지는 기억이 나지 않는다. 그는 어린애처럼 손으로 눈물을 닦고, 공주에게 전화를 걸어 오늘 외출을 해서 같이 갈 데가 있다고 말한다.

공주의 아파트를 찾아온 종두는 그녀의 머리를 감기고 화장을 해주며 외출 준비를 한다.

어느 뷔페식 레스토랑. 별나게 호화로운 곳은 아니지만 그런대로 깔끔한 식당 한쪽 룸에 종두의 가족 및 가까운 친척들이 모여 앉아 있다. 오늘은 종두 어머니의 생일이라 종일의 처는 한복을 곱게 차려입고 있다. 오랜만에 만난 친척들이 떠들썩하게 웃으며 덕담을 나누기도 한다.

다들 식사를 시작할 즈음에 종두가 공주를 태운 휠체어를 밀며 식당에 들어선다. 난데없이 수족이 뒤틀린 뇌성마비 여자를 휠체어에 태우고 나타난 종두를 보며 가족들은 놀라다 못해 어이가 없는 표정이다. 그런데도 종두 본인은 아무렇지도 않은 멀쩡한 표정으로 테이블 한쪽 자리에 공주를 들어 안아 앉힌다.

"엄마, 생일 축하해!"

"난 니 엄마 아냐."

그런데 누구보다도 더 놀라고 당황한 사람은 공주다. 그녀는 종두가 "어디 좋은 데 갈 데가 있다."며 무작정 데려온 곳이 그의 가족끼리 모이는 이런 자리인 줄은 전혀 상상하지 못했던 것이다.

오아시스 각본집

누구냐고 묻는 형에게 종두는 공주를 자기 친구라고 소개한다. 그리고 알고 보면 모르는 사람도 아니라며, 자기가 사고 낸 피해자의 딸이라고 말한다. 종일이 일어서며 말한다.

"너 이리 좀 나와봐."

종일이 종두를 억지로 데리고 나간다. 동생 종세도 따라나간다. 좁은 복도 한구석에 서서 종일이 종두에게 도대체 왜 이런 짓을 하냐고, 니 속셈이 뭐냐고 다그친다.

"너 나한테 감정이 있는 거지? 응? 나한테 복수하려고 이러는 거지?"

종두는 절대 그런 거 아니라고 말하지만, 종일과 종세는 믿지 않는다. 그들의 대화를 통해 숨겨져 있던 과거의 사건이 드러난다.

말하자면 종두가 뺑소니 사고로 2년 6개월을 교도소에서 살고 나왔지만, 사실 그 사고를 낸 사람은 그가 아니었다. 음주운전으로 새벽에 청소부를 치어 죽이고 도망간 것은 종두가 아니라 형 종일이었고, 그는 형 대신 감옥에 갔던 것이다. 그런데도 지금까지 종두는 형을 원망해본 적이 없다. 형은 집안을 책임지고 있는 장남이고 할 일이 많은 앞길이 창창한 사람이니까 오히려 자신이 대신 들어가는 것이 당연하다고 생각했던 것이다.

위태롭게 유지되던 분위기는 식사가 끝나고 단체로 가족 사진을 찍을 때 폭발하고 만다. 가족들이 모여 사진을 찍을 때 종두가 공주도 함께 찍어야 한다며 휠체어를 밀고 온 것이다. 종일이 더 이상 참지 못하고 공주를 빼라고 소리 지르고, 종두는 공주를 빼면 자기도 찍지 않겠다며 그녀와 함께 나와 버린다.

식당을 나오자 공주는 비로소 종두에게 화를 낸다. 그녀는 자신의 의사도 묻지 않고 이곳에 데려온 종두에게도 화가 났지만, 이렇게 창피하고 민망한 상황에서도 자기 힘으로는 빠져나갈 수 없는 자기 자신에게 더 화가 나 있다. 종두는 그녀가 그토록 무섭게 화를 내는 모습을 처음 본다. 그녀가 그 자리에서 꼼짝도 하지 않으려 하자, 종두는 그녀 앞에서 우스꽝스럽게 춤을 추며 화를 풀어주려 한다.

겨우 그녀의 화가 조금 풀리자, 종두는 근처에 있는 노래방으로 그녀를 데려간다. 공주는 노래방이 처음이다. 종두가 먼저 노래를 시작한다. 그리고 그녀를 위해 신청곡을 누른다. 언젠가 그녀가 좋아한다고 했던 '내가 만일'이란 노래다. 전주가 흐르기 시작하고, 모니터 화면에 가사가 흐르기 시작한다. 종두가 그녀의 입 앞에 마이크를 대준다. 그러나 그녀는 아무 소리도 내지 못한다. 그녀의 비틀린 시선은 화면에 속절없이 흘러가는 노래 가사를 보고 있을 뿐이다.

마지막 전철이 도착했다는 방송이 들려오는 지하철역 구내의 계단으로 종두가 공주를 등에 업고 정신없이 뛰어 내려온다. 휠체어가 계단 아래로 굴러 떨어진다. 그러나 전철은 그들의 눈앞에서 출발하고 만다.

전철이 떠나버린 텅 빈 플랫폼에 두 사람만이 남아 있다. 공주를 업은 채 종두는 허탈하게 서서 열차가 떠난 터널의 어둠을 보고 있다. 공주는 왠지 그의 외로움과 슬픔을 알 수 있을 것 같고, 남들이 결코 이해하지 못할 그 슬픔과 외로움이 그녀의 가슴으로 전해져 오는 것 같다. 그녀는 그의 그 슬픔과 외로움을 달래주고 싶다. 그녀가 노래 부르기 시작한다.

내가 만일 하늘이라면
그대 얼굴에 물들고 싶어

그녀는 휠체어에서 일어나 그에게 다가간다. 그녀는 그의 어깨에 위로하듯 손을 얹고 노래하고 있다. 텅 빈 지하철역 플랫폼에서 그들의 판타지를 방해하는 것은 아무것도 없다.

붉게 물든 저녁 저 노을처럼
나 그대 뺨에 물들고 싶어

공주의 아파트로 돌아온 뒤, 종두는 그녀에게 어젯밤의 꿈 이야기를 해준다. 어젯밤 꿈속에서 실컷 울었다고. 무엇 때문에 울었는지 모르지만 운 것은 기억이 난다고. 그 이야기를 하면서 그는 처음에는 창피한 듯이 킬킬거리며 웃는데, 자기도 모르게 눈가에 눈물이 맺힌다. 눈물이 나는 것이 더 우습다는 듯이 다시 웃는데, 이윽고 그것은 웃음인지 울음인지 구별이 되지 않는다. 이야기는 두서없이 점점 종잡을 수 없게 되고, 점차 울음이 분명해진다. 그의 뺨에는 눈물이 줄줄 흐르고 있다.

"갈게."

자리에서 일어나는 종두의 옷을 공주가 힘겹게 꽉 붙든다.

"왜?"

그녀가 뭐라고 입을 열고 종두가 반문한다.

"가지 말라고?"

그녀가 다시 입을 연다.

"같이 자자고? 무슨 소리야, 왜 그래?"

공주는 몸을 뒤튼 채 매달리듯 종두를 쳐다보며 한 마디씩 뱉어낸다. 종두가 그 말을 다시 반복하며 확인한다.

"여자가, 같이, 자자고…… 하는 게 무슨, 소린지 몰라요? 이, 이만하면…… 이, 이쁘다고 했잖아요."

힘들게 입을 열고 있지만, 그녀의 말은 놀랍도록 분명하다.

종두가 겨울 내복을 벗다가 머리가 걸린다. 그는 앞이 안 보인 채 머리를 빼내려 하고, 그녀는 누운 채로 그의 벗은 몸을 보고 있다. 그의 몸은 말라 있다. 종두는 드디어 공주의 곁에 몸을 눕히고 그녀의 등 뒤에 붙어서 천천히 그녀의 몸을 만지기 시작한다. 그녀의 숨소리는 위태롭도록 거칠고, 두 손은 고통스럽게 꽉 움켜져 있다.

오아시스 각본집

마침내 두 사람은 섹스를 한다. 그녀의 얼굴은 일그러진 채고, 움켜진 두 손은 남자를 제대로 안지도 못한다. 그런 그들의 모습은 서로가 서로를 원하는 사랑의 행위라기보다 마치 어떤 고통스러운 의식을 치르는 것처럼 보인다.

"괜찮아? 괜찮아?"

행위를 하면서도 종두는 계속 그렇게 묻는다. 여전히 고통스러운 표정으로 그녀는 고개를 끄덕인다. 그녀의 시선은 내내 허공 어느 한곳에 매달려 있는 듯하다. 그 시선이 박혀 있는 곳은 벽에 걸린 카펫이다. '오아시스' 위로 검은 나무 그림자들이 음산하게 흔들리고 있다. 그 불길한 그림자에 갇혀서 인도 여인과 어린아이, 그리고 아기 코끼리가 그녀를 보고 있다. 행위는 계속되고, 이윽고 그녀의 두 눈에서 눈물이 흐른다.

그때 아파트 문이 열리는 소리가 들린다. 공주의 오빠와 올케가 예고 없이 찾아온 것이다. 놀란 공주가 몸을 버둥거린다. "아가씨, 자요?" 밖에서 공주를 부르는 소리를 들으면서 종두는 이미 너무 늦었다고 생각한다. 그는 그녀의 몸을 껴안은 채 방문이 열리기를 기다리고 있다. 이윽고 방문이 열리고 형광등이 켜지더니, 찢어질 듯한 비명 소리가 이어진다.

아파트 밖에 세워진 경찰 기동대의 승합차에 수갑을 찬 채로 올라타고 있는 종두의 멍한 얼굴 위에 경찰차 경광등의 붉은 불빛이 사납게 뿌려지고 있다.

연락을 받은 종일과 종세가 경찰서로 들어온다. 한밤중에 전화를 받고 달려 나온 형은 종두가 강간죄로 경찰에 잡혀 왔다는 사실에 분노와 수치심을 참을 수 없다. 더구나 상대는 어머니의 생일잔치에 데려왔던 그 뇌성마비 여자다. 그러나 종두는 이런 상황에서 엉뚱하게도 동생 종세에게 실없는 농담이나 던지고 있다. 자기 농담이 재미있는지 킬킬 웃기까지 한다. 화가 폭발한 종일이 종두의 얼굴을 주먹으로 치며 소리지른다.

"니가 인간이야? 니가 인간이야, 인마?"

얻어맞아 코피가 흐르는데도 종두는 웃고 있다. 웃으면서 하던 농담을 계속한다.

전과 3범. 무면허 음주운전으로 행인을 치어 죽이고 2년 6개월을 복역하고 출소한 지 석 달 만에 다시 범죄를 저질렀다. 그것도 강간을, 더구나 피해 여성은 혼자서는 움직일 수도 없는 중증 뇌성마비 장애인이다. 어떻게 그런 여자를 겁탈할 수 있을까? 아니, 어떻게 그런 여자를 성욕의 대상으로 여길 수 있었을까? 도저히 이해할 수도 용서할 수도 없는 범죄다. 사람들은 그렇게 생각하고 있다. 그런데 그는 자신을 변호할 수가 없다. 아니 어떤 말로도 그와 공주와의 사랑을 설명할 수 없다고 생각한다.

공주의 오빠가 종두의 형에게 잠깐 따로 이야기를 하자고 말한다. 어두운 경찰서 마당 한쪽에서 두 사람은 담배를 나누어 피우며 이야기한다. 나름대로 교양을 갖추고 나름대로 세상 물정에 닳고 닳은 소시민끼리의 대화다. 죽은 공주 아버지 이야기가 나오고, 두 가족이 서로 악연으로 만났다는 이야기, 공주가 얼마나 불쌍한 인간인가, 우리 사회에서 장애인과 그 가족이 얼마나 고통받으며 살아야 하는가를 이야기한다. 종일은 간간이 그의 말에 맞장구를 친다. 어렵고 복잡하게 이야기하지만 결국 공주 오빠가 하는 말은 원한다면 합의를 해주겠다는 것이다. 즉 합의금 2000만 원만 주면 없었던 일로 하겠다는 것이다.

그러자 종일이 이야기를 시작한다. 그는 자신이 동생을 이 사회에서 인간 구실하고 살도록 하려고 얼마나 애썼는가를 이야기한다. 그런데 이제 더 이상은 자신도 힘이 부친다는 것이다. 사람 만들어보려고, 이 사회에 탈락하지 않고 살아가도록 무진 애를 썼지만 이젠 도저히 버틸 수가 없다는 것이다.

"내 동생이지만 저놈은 더 이상 안 돼요. 나도 포기할 수밖에 없어요. 어차피 도저히 사회에 적응이 안 되는 놈이니 사회와 격리를 시켜야지 어떻게 하겠어요?"

결국 흥정은 깨졌다.

공주는 조서를 작성하는 형사 앞에 앉아 피해자 진술을 하고 있다. 형사가 컴퓨터 자판을 두드리며 질문을 던진다. 공주의 말을 제대로 알아들을 수 없기 때문에 그녀의 올케가 붙어 앉아서 통역을 하고 있다. 공주의 마음속에는 수많은 말들이 뒤끓는다. 그러나 그럴수록 그녀의 말은 알아듣기 힘들다.

극도의 흥분과 불안이 더욱 입을 움직이기 어렵게 만든다. 그녀의 말은 그저 간신히 내뱉는 신음 같은 것일 뿐이다. 그런데도 조서 작성은 계속된다. 형사가 묻고 올케가 공주의 알수 없는 소리를 통역한다.

"저 사람이 가해자가 맞습니까?"

"네, 맞습니다."

올케가 통역한다.

"피해자가 입고 있던 옷이 이 옷이 맞습니까?"

형사가 집에서 거두어 온 공주의 속옷을 쳐들어 보인다.

"네, 맞습니다."

"이상의 진술이 사실이지요?"

공주의 호흡이 가빠진다. 그녀의 뒤틀린 얼굴이 더욱 뭔가를 표현하기 위해 필사적이다. 그러나 아무도 신경 쓰지 않는다.

"네."

"치료비 또는 합의금을 받은 사실이 있는지요?"

"없습니다. 꼭 법대로 엄중한 처벌을 바랍니다."

"더 진술할 말이 있어요?"

다시 공주의 입이 고통스럽게 움직인다. 뭔가 하고 싶은 말이 두꺼운 벽을 뚫고 고통스럽게 비어져 나오려는 것 같다. 그러나 결국 실패하고 만다. 그녀의 올케가 통역한다.

"없습니다."

피해자 진술은 그렇게 끝나고 만다.

종두가 수갑을 찬 채 유치장으로 들어간다. 공주는 휠체어에 태워진 채 그 모습을 지켜보고 있다. 그녀에게 신경 쓰는 사람은 아무도 없다. 사무실 한쪽에서는 오빠와 종두의 형이 뭔가 큰소리로 다투고 있다. 다른 사건을 다루는 형사들의 고함소리도 들린다.

그녀의 몸이 점점 더 비틀린다. 두 손을 움켜쥔 채 뭔가 필사적으로 힘을 쓰려 한다. 마침내 그녀의 휠체어가 갑자기 움직이기 시작한다. 그녀는 휠체어를 세차게 굴려 책상에 부딪친다. 휠체어는 다시 뒤로 세차게 굴러가서 이번에는 다른 책상에 부딪친다. 몸을 활처럼 뒤로 젖힌 채 목을 꺾어 허공을 응시하면서, 그녀는 계속해서 휠체어를 움직여 공처럼 여기저기 책상에 부딪친다. 마치 온몸으로 표현하는 침묵의 발작 같다. 그녀의 속에서 터져 나온 억제할 수 없는 분노가 그것을 멈추지 못하게 한다. 그런데도 사람들은 그녀가 왜 그러는지 이해할 수 없다는 눈으로 보고만 있다.

그날 밤 종두는 유치장에서 나와 조사를 받다가 잠시 형사들의 감시가 소홀한 틈을 타서 도망친다. 형사들이 뒤를 쫓지만, 그는 필사적으로 도망쳐 마침내 경찰서 담을 넘어 탈주한다. 어두운 공주의 방. 언제나 그랬듯 그녀는 혼자 침대에 누워 있다. 오아시스 벽걸이 위에 검은 나무 그림자들이 음산하게 흔들리고 있다. 어디선가 무슨 소리가 들려오고 있다. 믿을 수

없게도 오아시스를 덮고 있던 나무 그림자들이 하나씩 사라
져간다. 마치 환상처럼. 계속해서 창밖에서 시끄러운 소음이
들려오고 그와 함께 나무 그림자도 하나씩 없어져가고 있다.

  창문 쪽을 쳐다보는 공주. 소음은 그쪽에서 들려오고 있
다. 창밖에서 무슨 일이 일어나고 있는 것이 분명하다. 그녀
는 필사적으로 몸을 일으켜 창문 쪽으로 가까이 간다. 그녀에
겐 그 동작이 몹시 힘들지만, 뭔가 알 수 없는 힘이 그녀로 하
여금 창문 밖을 내다보게 한다.

  그녀의 시점으로 아파트 창밖에 있는 커다란 가로수가 보
인다. 이 한밤중에 누군가 나무 위에 올라가서 나뭇가지를 자
르고 있다. 그녀의 표정이 점차 변한다.

  나무 위. 종두가 톱으로 나뭇가지들을 자르고 있다. 나무
를 톱질하는 소리가 요란하게 어둠 속에 울려 퍼지고 이 한밤
중의 난데없는 소동에 잠에서 깨어난 아파트 주민들이 창문
을 열고 내다보고 있다. 잘린 나뭇가지가 땅으로 떨어진다.
아마도 근처에 잠복하고 있었던지 어느새 형사들이 나무 밑
에서 올려다보며 종두에게 내려오라고 소리친다.

  공주의 방 오아시스 벽걸이 위의 나무 그림자들이 마침내
다 사라진다. 할 일을 다 했다는 듯 종두는 나무 위에서 신나게
엉덩이춤을 추다가 균형을 잃고 떨어진다. 형사들이 달려든다.

에필로그.

아마도 몇 달 뒤, 우리는 자신의 좁은 방 안에 여전히 혼자 갇혀 있는 공주의 모습을 볼 수 있다. 그녀는 뒤틀린 자세로 웅크린 채 누군가에게서 온 편지를 읽고 있는 중이다. 교도소 안에서 종두가 보낸 편지다. 그녀가 편지를 읽고 있는 동안, 편지 내용을 읽는 종두의 목소리가 들려온다. 편지의 내용은 유치하다. 여전히 그는 전혀 웃기지도 않는 예의 그 썰렁한 농담을 하고 있다. 그러나 공주는 어느 순간, 크억 웃음을 터트린다. 종두의 농담은 계속된다.

감독

각본

제작

··· 생일 (이종언, 2018)

··· 버닝 (2018)

··· 도희야 (정주리, 2013)

···················· 화이 : 괴물을 삼킨 아이 (장준환, 2013)

·································· 여행자 (우니 르콩트, 2009)

······························· 두번째 사랑 (김진아, 2007)

·· 밀양 (2007)

조감독

························· 그 섬에 가고 싶다 (박광수, 1993)

기획

······································· 우리들 (윤가은, 2016)

······························ 싱글라이더 (이주영, 2016)

··················· 화이 : 괴물을 삼킨 아이 (장준환, 2013)

·· 도희야 (정주리, 2013)

오아시스 각본집

2024년 4월 30일 초판 1쇄 발행

지은이   이창동

펴낸곳   도서출판 아를
등록   제406-2019-000044호 (2019년 5월 2일)
주소   10881 경기도 파주시 문발로 139, 407호
전화   031-942-1832
팩스   0303-3445-1832
이메일   press.arles@gmail.com

© 유니코리아문예투자(주) 2024
ISBN 979-11-93955-01-7 03680

아를ARLES은 빈센트 반 고흐가 사랑한 남프랑스의 도시입니다.
아를 출판사의 책은 사유하는 일상의 기쁨, 아름다움을 발견하는 즐거움을 드립니다.
◦ 페이스북 @pressarles ◦ 인스타그램 @pressarles ◦ 트위터 @press_arles